Erich Schmidt

Quellen und Forschungen zur Sprach- und Kulturgeschichte der germanischen Völker

Erich Schmidt

Quellen und Forschungen zur Sprach- und Kulturgeschichte der germanischen Völker

ISBN/EAN: 9783743442153

Hergestellt in Europa, USA, Kanada, Australien, Japan

Cover: Foto ©ninafisch / pixelio.de

Manufactured and distributed by brebook publishing software (www.brebook.com)

Erich Schmidt

Quellen und Forschungen zur Sprach- und Kulturgeschichte der germanischen Völker

QUELLEN UND FORSCHUNGEN

ZUR

SPRACH- UND CULTURGESCHICHTE

DER

GERMANISCHEN VÖLKER.

HERAUSGEGEBEN

VON

BERNHARD TEN BRINK, ERNST MARTIN,
WILHELM SCHERER.

XXXIX.
BEITRÄGE ZUR KENNTNISS DER KLOPSTOCKSCHEN JUGENDLYRIK.

——— —— ——— ——   —

STRASSBURG.
KARL J. TRÜBNER.
———
LONDON.
TRÜBNER & COMP.
1880.

BEITRÄGE ZUR KENNTNISS

DER

KLOPSTOCKSCHEN JUGENDLYRIK

AUS DRUCKEN UND HANDSCHRIFTEN

NEBST

UNGEDRUCKTEN ODEN WIELANDS

GESAMMELT

VON

ERICH SCHMIDT.

STRASSBURG.
KARL J. TRÜBNER.

LONDON.
TRÜBNER & COMP.
1880.

Buchdruckerei von G. Otto in Darmstadt.

MICHAEL BERNAYS

ZUGEEIGNET.

VORWORT.

Klopstock würde den nüchternen Philologen von seinen
Oden mit dem stolzen Ruf abwehren: 'Des spott' ich, der's
mit Klüglingsblicken höret, und kalt von der Glosse triefet'.
Und doch war er es, dessen Dichterwort nicht nur der Ge-
meinde als ein heiliges, sondern auch kundigeren Verehrern
als ein in allen Entwicklungsphasen erhaltenswerthes galt.
Schon Lessing hält verschiedene Ausgaben des Messias scharf
prüfend neben einander, Herder spürt 'Klopstocks Varianten'
nach, Cramer commentiert den Messias und bringt ältere
Fassungen der Oden oder Collationen, freilich unkritisch genug,
zur Vergleichung herbei. Neuerdings hat sich ein Klopstock-
verein gebildet, den jedoch mehr eine stillbeschauliche Andacht, als eine leistungsfähige Werkthätigkeit zu zieren
scheint.

Ich möchte im Kleinen einer historisch-kritischen Ausgabe durch die Mittheilung bisher unbekannter Oden oder
abweichender Fassungen und beigefügte Lesefrüchte vor-
arbeiten. Was ich aus eigenem Vorrath gebe, sind allerdings
nur kalte Glossen, Randbemerkungen in der That aus dem
Handexemplar, wie man es sich einstweilen wol oder übel
selbst für Colleg und Seminar anlegen muss. Die Anmerkungen der neuesten Scholiasten habe ich nicht wiederholt;
keineswegs aus Geringschätzung. Erfreulich wäre es mir,
wenn auch die Gymnasiallehrer, denen die Erklärung des
'Odengewaltigen' in den oberen Klassen obliegt, dieser Nach-

lese, besonders der Ode an Ebert, einen Blick vergönnen
würden. Ich gedenke hier meines jüngst verstorbenen Lehrers
Bässler, der uns in Schulpforte das 'Ehre, Deutscher, treu und
innig' zurief, während der unvergessliche Koberstein mehr
mit abgeneigter Kritik Klopstocks Schwächen betonte.
Vielfach werden ältere Fassungen nach den älteren
Ueberschriften citiert. Dass ich zur Bequemlichkeit in meinen
Citaten eine Eintheilung in Lieder schon für 'An die Freunde'
vornehme, wird man mir wol verzeihen. Die Abkürzungen
sind leicht verständlich und erscheinen erst in späteren Quellenangaben. 'S. v. S.' bezeichnet die 'Sammlung vermischter
Schriften von den Verfassern der Bremischen neuen Beyträge' u. s. w. Die Skizze eines Commentares zur Ebertode
verwerthet unter anderem einige von den Herren Hamburger,
Joseph und Dr. Ries in unserem Seminar vorgetragene Be-
obachtungen.

Das bisher Ungedruckte stammt aus Rings Collectaneen,
auch die zwei klopstockisierenden Jugendoden Wielands. Ring
sühnt durch diesen erhaltenden Sammeleifer seine kleinliche
Beurtheilung Klopstocks des Menschen (Im neuen Reich 1878
II 741 ff.). Aber gegen seine Unzuverlässigkeit musste mir
Bernays freundlichst zu Hilfe kommen, weshalb ihm diese
Blätter weniger zugeeignet als zurückerstattet werden. Möge
er nun bald mit seinem ungleich wichtigeren Brieffund her-
vortreten!

ERICH SCHMIDT.

INHALT.

BERICHTIGUNGEN.

S. 22 Schmidts „Apotheose" und „Ueberzeugung" auch in Schmids Anthologie d. D. II (1771) 105—111.

„ 27 im Apparat nach „Lenz" einzufügen: (statt „Quell").

„ 32 Z. 5 v. u. lies: 21 ff

„ 37 v. 56: Ruht, im Apparat streiche: 07 ihr.

1. AN HERR SCHMIDTEN.

1. Der du mir gleich bist, den die Unsterblichen
   Höhern Gesängen neben mir auferziehn,
      Schau mit mir, Schmidt, auf unsrer Freundschaft
        Zärtliche Jugend zurück und fühle

2. Was du da fühltest, als in Umarmungen
   Die uns zusegnend der im Olympus sah,
      Dein groses Herz mehr deinem Freunde
        Als nur gesungene Freundschaft weihte.

3. Eh wir den Menschen kannten, den göttlichen,
   Wenn er durch Thaten den, der ihn schuff, verehrt
      Den tiefsten Pöbel aller Geister,
        Wenn er sich selbst, wenn er Gott verkennet;

4. Eh noch des Nachruhms lockender Silberton
   Dem Ohre süss klang, eh er allmächtig uns
      Mit sich im Wirbelstrome fortriss:
        Liebten wir uns unbemerkt und glücklich.

5. Zwar horcht auch oft schon unser früh waches Ohr
   Nicht ganz unschuldig, ganz nicht unwissend mehr,
      Wenn von den Liedervollen Hügeln
        Dichtern die Ewigkeit lächelnd zurief

6. Noch jung und furchtsam bebte die Ehrbegier
   Durch unser Herz hin. Freund, dann umarmt ich dich
      Da hast du mir die schönsten Thränen
        Welche mir jemals mein Herz durchdrungen

7. Auf meine Wangen jugendlich hingeweint:
Thränen der Freundschaft, Thränen der Ehrbegier,
Wenn du mit Seelenvollem Auge
Bald mich umarmtest, bald Miltons Schatten

8. Auf heilgern Bergen als der Parnassus ist
Von Seraphinen und von Uranien
Allein besucht, sahst, Menscheneinsam
Unnachgeahmt ohne Nebenbuhler.

9. Ich sah dich still an, und nur Uranien
Allein bemerket, dir aber unbemerkt,
Weissagend, in prophet'schem Geiste,
Segnet ich, Schmidt, dich zum heilgen Dichter.

Klopstocks Autorschaft ist durch sein eigenes Zeugnis
in dem Brief an Gleim vom 9. April 1752 gesichert, wo wir
zunächst an Stelle der Aposiopese 'Sie sagen mir von — soll
ich seinen Namen in dieser Verbindung nennen?' 'Schmidt'
ergänzen dürfen, nicht aber interpolieren, da Klopstock ausdrücklich hinzufügt: 'ich will es nicht thun'. Er schreibt
nach einigen Worten über die Entfremdung des einstigen
Getreuen: 'Um eins ersuche ich Sie. Eine von meinen Oden
an ihn ist verloren, wenn er oder sonst Jemand sie nicht
mehr hat. Ich erinnere mich, dass unter anderm darin stehet:

Schau, Freund, mit mir auf unsrer Jugend
Zärtliche Freundschaft zurück und fühle
Was du da fühltest, als in Umarmungen
Die uns zusegnend der im Olympus sah
Dein grosses Herz mehr deinem Freunde
Als nur gesungene Freundschaft weihte.

Ich werde Ihnen sehr danken; wenn Sie mir diese Ode mit
der an die Freunde bald schicken können'.

Bereits im Frühjahr 1752 nämlich überlegte Klopstock
mit Gleim eine Sammlung der Oden. Die letzte Zusammen-
stellung aber ist nicht zufällig, da das knappere Gelegenheits-
gedicht an den Vetter und Sangesgenossen mit dem grossen
'pindarischen Gebäude' nicht nur das Thema, sondern auch
den Ton, ja einzelne Verse gemein hat. In der ersten Pe-
riode der Klopstockschen Lyrik stehen nicht selten die

weitschweifigsten, tautologienreichsten, mühsamsten Verse
vor, neben und nach den schwungvollsten Oden, die er später
allein den nachkommenden Geschlechtern überliefern wollte.
Darum liegt in dem geringeren poetischen Gehalt noch kein
Grund, unsere Ode früher als jenes erste Denkmal des neuen
lyrischen Pathos anzusetzen. Auch dass auf Schmidts Schwester
gar nicht Bezug genommen wird, fällt nicht schwer ins Ge-
wicht. Jedenfalls war er mit Schmidt schon einige Zeit
intim, da er auf die jungen Tage der Freundschaft zurück-
blickt. Wir dürfen die Entstehung etwa in das Frühjahr
1747 verlegen und weiter schliessen, dass die Ode bald als
eine der frühen Proben seines Könnens mit den Bruchstücken
des Messias zu Vater Bodmer nach Zürich gewandert ist.
Als Bodmer 1749 in den [1] 'Neuen critischen Briefen' sich so
naiv eine Jugendgeschichte des neuen deutschen Milton zurecht
fabulierte und, nicht ohne dann sich selbst als Mentor in
Scene zu setzen, erzählte, wie dieser 'Sohn eines frommen
Predigers vom Lande' mit knabenhaftem Drang ohne jedes
Muster als das der Bibel sich einen poetischen Stil geschaffen
habe, mussten ausser dem berühmten lateinischen Briefe vom
10. August 1748 die ihm vorliegenden Verse des Jünglings
zu einem frommen Betrug herhalten. Die Stelle ist am zu-
gänglichsten in 'Klopstock. Er; und über ihn' von Cramer,
der mit einer fragwürdigen Berufung auf Klopstock selbst
die Züricher Dichtung und Wahrheit rühmt (1, 44):
'Ich habe' sagt Bodmer 'einen Brief gesehen. den er
an einen Menschen von seinem Alter, den er einzig und sonst
keinen zu kennen schien, noch vor seinem siebzehnten Jahre
geschrieben hat. darinnen waren folgende Abschnitte:
Mein Freund, Ebenbild meines Gemüthes; den ein un-
sichtbarer Sohn des Himmels zu höhern Hofnungen als des
menschlichen Pöbels, neben mir auferzieht, schauest auch du
auf diese zärtliche Jugend unserer Freundschaft mit dem
heitern Auge, welches die Unschuld der jugendlichen Tage
einem ewigen Tage gleich machet, den keine Wolke ver-
düstert? Erzähle mir, was fühlest du in den Umarmungen,

---

[1] Vgl. auch an Henzi 18 XII 49 Archiv f. Litt. gesch. 6, 87.

in welchen dein grosses Herz deinem Freunde nicht eine
blos geschriebene Freundschaft weihte? Lass uns Sie durch
die Redlichkeit unseres Sinnes dergestalt adeln, dass der im
Himmel sie, uns zusegnend, mit Lust anschaue'.

Niemand wird auf den abenteuerlichen Gedanken ver-
fallen, diese greisenhafte steifleinene Umschreibung einer
jugendlichen kühnen Rhetorik sei wirklich Klopstocksche
Prosa, liege wirklich der Ode als Schema zu Grunde; so
wenig als eine besonnene Kritik Bodmers einleitende Worte
zu Trugschlüssen benutzen wird. Dagegen verdient ein Brief
an Schlegel vom 8. Oct. 1748 neben unsere Ode gelegt zu
werden. Es heisst darin (Lappenberg S. 11): 'Die Natur
hatte uns schon vorher gesegnet, da sie uns schuf, und unsere
Freunde für uns. Dieses Glück ist dem Pöbel unsichtbar,
und wer so kühn oder weise ist, es jedem andern Glücke
vorzuziehen, der gleicht einem der edel genug ist ohne Zeugen
tugendhaft zu seyn' u. s. w.

Die Originalhandschrift der Ode ist nicht bekannt. Eine
Copie — nicht von Bodmer angefertigt — liegt in Zürich,
eine zweite zu Freiburg im Ringschen Nachlasse. Die letztere
ist werthlos, da Ring sich auch hier als eilfertigen Sammler
zeigt. So bietet er 2, 3 f. 'mehr sich dem Freunde als nur
gesungener Freundschaft weihte', 5, 1 'auch da schon', 9, 2
'allein bemerkt, dir unbemerket', 8, 1 und 9, 4 'heiligen', 6, 3
'da sahst', ganz abgesehen davon, dass die sparsame, aber
dem Brauche etwa der Bremer 'Sammlung der vermischten
Schriften' nicht ganz widersprechende Interpunction bei ihm
noch mehr verkümmert ist. Auch wo er sauberen Druck
copiert, vermeidet er arge Fehler nicht. Gewiss hat er in
Zürich von der Ode Kenntnis genommen, wo wahrscheinlich
mehr als eine Abschrift zu finden war.

Das 'Schmiden' und 'Schmid' der Züricher Copie, welche
Bernays entdeckt und mir zur Emendation der Ringschen
freundlichst mitgetheilt hat, durfte ich im Texte in die richtige
Namensform verwandeln, wie sie auch der über persönliche
Verhältnisse stets wolunterrichtete Karlsruher bietet. 'An
Herr Schmidten' kann Klopstock sehr wol selbst geschrieben
haben, nur dass er für den Druck correcter 'An Herrn Schmidt'

(vielleicht auch 'Sch*' oder 'Sch*t') oder 'Ode an Herrn
Schmidt' geschrieben haben würde, entsprechend dem Titel
'.... Ode an Herrn Bodmer' (Sammlung verm. Schr. 2, 366);
vgl. 'Ode an den Herrn E**t' ebenda 1, 269. Heisst es auch
freier — aber eine Taufe durch Giseke selbst ist nicht aus-
geschlossen — 'Abschiedsode; an G***' (2, 433), so war doch
die ¹ förmlichere Anrede üblich (3, 349, 441, 446 und oft).
Schmidt selbst weiht dem Vetter die 'Ode an Herrn Kl**ck'
(1, 477). Ring bietet die auf den ersten Blick überraschende
Bezeichnung: 'Ode an Schmidt von Rothen'. Er sündigt
auch sonst in seinen Titeln, wenn er z. B. die Ode 'Fragen'
('Die Nachahmer') als 'Ode an die Teutschen von Bodmer'
(dem er auch 'Hermann und Thusnelde' zuweist) und die durchaus in Klopstocks Manier gehaltene Elegie 'Die Verwandlung'
('Der Adler') kurzweg als 'Ode von Gleimen' bringt. Aber
wie wurde hier Rothe zum Dichter? Weil Rothe und Schmidt
den Klopstockverehrern als nahe Freunde bekannt waren.
Rothé (in der Ode an Ebert der 'freye gesellige Rothe' genannt), 'der sich freyer Weisheit und der geselligen Freundschaft heiligt', den 'des Umgangs süsse Reizung und der
Geschmack mit der hellen Stirne' zieren, und Schmidt schliessen
den Zug An die Freunde III 10 f.; wobei Klopstock zugleich den Vortheil wahrgenommen hat, den einförmigen
Einzelmarsch durch ein Schlusspaar zu beenden. Enthu-
siastischer noch verewigte er den Bund der beiden in einer
Ode an Fanny (Cramer 2, 295; als 'Ode an Schmidt' in
II. Wagners 'Poetischer Blumenlese auf das Jahr 1777' S.
136 ff.); er ruft Schmidt an:

Mehr als mein Blick sagt, hat dich mein Herz geliebt,
Mehr, als es selbst seufzt, hat dich mein Herz geliebt;
Weine nicht vor mir, sonst vergeh ich:
Auf sey ein Mann! geh, und liebe Rothen!

Einige Anmerkungen, meist phraseologischer Art, deren
Kargheit und Beschränkung, Ueberfluss und Ausdehnung
keine zufälligen sind, mögen folgen.

¹ Die intimsten Freunde des Kreises nennen einander Sie, sprechen
in Briefen oft von andern Vertrauten als von 'Herrn N' und bezeichnen die
Geliebte mit dem Familiennamen. Das Duzen ist Comment der Geniezeit.

Die Nummern vor den Strophen und die Absätze dazwischen rühren von mir her.

1, 1 f. An die Freunde III 11, 1 f. 'Schmidt, der mir gleich ist, den die Unsterblichen höhern Gesängen neben mir auferziehn'. Vgl. An Bodmer 17 'für mein Herze gemacht, und mir der ähnlichste', worin Bodmer nicht mit Unrecht einen 'ungewöhnlichen Hochmuth' erblickte (Zehnder Pestalozzi S. 349). Ueber Schmidt als Dichter handle ich unten. 'Die Unsterblichen' An die Freunde I, 12, 2, auch 'der Unsterbliche' ('der Unaussprechliche', 'Unendliche') für Gott Petrarka und Laura 47 (49), für einen Engel, den Todesengel, im Messias X. — 1, 3 Schmidt ('der mein zärtlicher und der erste Freund meiner Jugend ist' Lappenberg S. 13) wird auch sonst in Klopstocks Lyrik emphatisch erwähnt oder angerufen. Man lese besonders die lange Apostrophe 'Mein Schmidt, ich sterbe' Cramer 2, 293 ff. In den 'Stunden der Weihe' (2, 271; 'sie ist an den Bruder meiner Geliebten gemacht' Lappenberg S. 22), der 'etwas zu stolzen Ode', die Bodmer eigenmächtig 1748 in den Freimüthigen Nachrichten veröffentlichte, winkt Klopstock alle Freunde fort:

> Ausser wenn Schmidt will aus den Versammlungen
> Der Musen Tabors zu mir herübergehn ;
> Doch dass du mir [nur D] vom Weltgerichte,
>   Oder von deiner erhabenen Schwester
> Dich unterredest.

Als Sänger wird er ferner genannt in der Elegie 'Der du zum Tiefsinn' 17 und der 'Ode auf die G. und H. Verbindung' 1, 3. Als Theilnehmer an der 'Wasserschlacht' in Der Wein und das Wasser. — Klopstock citiert a. a. O. ungenau aus dem Gedächtnisse: 'Freund' setzte er, um auch hier die Nennung des Namens zu vermeiden. während die Umstellung wahrscheinlich dem Wolklang zu Liebe geschah. Die Verkehrung 'unsrer Jugend zärtliche Freundschaft' ist irrig. Hier stützt auch Bodmer die schon durch den Gedankenzusammenhang gesicherte ursprüngliche Lesart durch sein 'diese zärtliche Jugend unserer Freundschaft'. Ueber diese vgl. noch Cramer 2, 294 u. — 1, 4 'unter Umarmungen', 'unter süssen Umarmungen' Petrarka und Laura 81, 98. S. u.

2, 1. 'ein zusegnender Laut' Die künftige Geliebte 41
(= Elegie 43 'ein mich segnender Hauch'), Elegie Der du
zum Tiefsinn Cramer 1, 335 zweimal 'segne den Stunden izt
zu' entsprechend dem doppelten 'segne den Stunden izt nach'
('nachsegnen' auch D. Lehrling der Griechen 21, An Giseke
19 f.). Messias IV 'die Stimme des zusegnenden Volks'.
'Segnende Blicke' und ähnliches oft in Oden und Messias.
'Entgegensegnen' Messias II, 'entgegenjauchzen' An Gott 30,
2, 'sich entgegenfreuen' an Bodmer 28 X1 49. Vgl. 'zuweinen'
Ode an den Herrn E**t 23, 'zusingen' Ode (Bardale) 4, 4,
'zuhangen' Die beyden Musen 5, 2 f., Der Rheinwein 2, 2
('gleich herhangenden Bergen' Messias IV). Klopstock geht
bis zu Bildungen wie 'herauf beben zu' im Messias VII, 'herab-
beben' transitiv, und 'emporbeten zu dem Himmel' Kl. Schmidt
S. 268, ('etwas gen Himmel weinen' An Gott 31, 1 f.) u. s. w.
— Abschiedsode an G*** 16 'der im Olympus', 17 'der in
dem Olympus', wofür später hier 'der Hocherhabne', dort
'der im Himmel' gemäss dem für Messias und Ode fast gleich
radicalen Reinigungsverfahren; schon Bodmer a. a. O. para-
phrasiert unsere Stelle: 'der im Himmel'. Für die ganze
Vorstellung und Ausdrucksweise leuchtete das horazische
placidum lumen vor. Vgl. besonders Der Lehrling der Griechen
1, 1 f., 'Wen des Genius Blick, als er gebohren ward, mit
einweihendem Lächeln sah' und den so ähnlichen Eingang
Friedrich der Fünfte 1, 1 ff. 'Welchen König der Gott über
die Könige mit einweihendem Blick, als er gebohren ward,
sah vom hohen Olymp'. — 2. 4 in dem Satze, dessen Wort-
folge gezwungen ist, muss 'gesungene' stark betont werden,
da als Gegensatz die 'empfundene' und thätige Freundschaft
vorschwebt.

3. Es folgen Umschreibungen für: als unsere Welt-
und Menschenkenntnis noch unreifer war, wir noch stiller
lebten, unreifer dachten. Das unentwickelte Verhältnis zur
zwiespältigen Menschheit bezeichnet Klopstock mit dem ihm
von Haus aus eigenen aristokratischen Stolze. Er scheidet
den Repräsentanten werkthätiger Frömmigkeit von dem gott-
losen Gelichter. Jener ist identisch mit den Klopstockschen
ὀλίγοι: Messias I 19 f. 'ihr wenigen Edlen, ihr mit der Zukunft

des grossen Gerichts vertrauliche Seelen' (Young 9, 986
more intimate with God), Messias IV Joseph von Arimathia
ist 'von der Zahl der übriggebliebenen wenigen Edlen'
(parodirt in Schillers Räubern 1, 81), Messias V 'einer einsamen Zahl von edlern Sterblichen'; An die Freunde V 11,
3 f. 'wie sich die Edlen, wie sich die wenigen Edlen lieben',
Friedensburg 8, 3 f. 'die Edlen .. die so einsam hier unten
sind'. Cramer Sammlung verm. Sch. 1, 446 'Und doch, o
Schicksal, zerstreust du die Edlen, die sich so lieben'; vgl.
auch den Schluss von Wielands 'Schreiben von der Wyrde
und Bestimmung eines schönen Geistes': 'jene wenige ..,
welche der Himmel mit feinem Geschmack und Liebe zur
Tugend, seltnen Gaben, beschenkt hat'. — Dieses *profanum
rolgus* sind 'Gottesleugner, der Pöbel' (blasphemers, atheists),
'Gottesleugner, ein niedriges Volk .... beym untersten Pöbel',
'der Pöbel der Geister' (Messias II), 'sclavischer Pöbel' (Messias V und im Eingang einer atrittigen Ode). Dies Lieblingswort ist sehr bezeichnend für Klopstocks Hochmuth.
Auch von dem 'undichtrischen Pöbel' spricht er An die
Freunde VII 3, 4. Zu 'Pöbel .... Gott verkennet' vgl.
Messias III 'den sclavischen Sündern, die Gott verkennen'
(Zürcher See 12, 1 f. 'Entschliessungen, die der Säufer ver-
kennt'), Fragen 1, 2.

4, 1. 'Nachruhm' z. B. Petrarka und Laura 84; Elegie
Der du zum Tiefsinn Cramer 2, 337. — 'des Nachruhms
lockender Silberton' vgl. Zürcher See 13, 1 f. 'reizend klinget
des Ruhms lockender Silberthon in das schlagende Herz';
Friedrich der fünfte 2, 3 'lockt mit Silbergetön ihn die Un-
sterblichkeit' ('Silbergetön' Unsre Fürsten 8, 2). Das neue
Jahrhundert 9 'o Freyheit! Silberton dem Ohre', Die beyden
Musen 5, 3 'schon klang des Herolds Silberton ihr', An die
Freunde VIII 3, 2 'mit Sphärischem Silberton', Salem 21 'und
ein silberner Ton floss von der Lippe des Seraphs', Friedrich
der fünfte an Bernstorf und Moltke 23 'wecke zu Silbertönen
die Leyer'. Der Hügel u. d. Hain 8, 2 'Silbertöne' des Poeten;
Messias VI 'Tag des richtenden Maasses! Der tönenden
Wage! Dann werden kommende Sphären umher in der
Wage Silberton schallen', An den Erlöser 10 'mit lautem,

durchdringenden Silberton' (die Engelfreuden), Psalm 1, 1
'Silbertöne' des Psalms.

Abgesehen von fast stereotypen Vorstellungen und
Wendungen sind wörtliche Uebereinstimmungen, wie deren
in den vorigen Anmerkungen einige verzeichnet wurden, bei
Klopstock nicht selten. Wie auffällige Wiederholungen namentlich in den Elegien und Oden an Fanny! Einige der später
verworfenen Gedichte haben geradezu das Aussehen von Cen-
tones. An die Freunde IV liest sich wie ein Auszug aus
der Elegie an die künftige Geliebte. An die Freunde II 8,
1 'wenn einst ich todt bin' = Ode an Daphnen 1, 1 'wenn
ich einst todt bin'. An die Freunde VIII 1. 1 f. 'Komm
goldne Zeit, komm die du die Sterblichen selten besuchst'
vgl. Die Stunden der Weihe 2 'Im Thor des Himmels sprach
ein Unsterblicher: eilt, heilge Stunden, die ihr die Unterwelt
aus diesen goldnen Pforten Gottes selten besucht', und 'am
Thor des Himmels' wiederum beginnt eine bekannte, von Boie
und Cramer sehr bestimmt Füssli[1] zugewiesene Ode. Die
berühmte 'goldne heilige Schale voll Christenthränen' erscheint
schon Cramer 2, 260 in anderem Zusammenhange: 'samle die
heiligen Thränen in goldene Schalen ein'. Die vorausgehende
Strophe der 'Stunden der Weihe' (dieser Ausdruck auch An
den Erlöser 10, 2): 'Ich hör, ich höre fern schon der Wage
Klang nach ihr der Gottheit Stimme, die Richterinn; die eine
Schale steiget aufwärts aber vor Gott sinkt die andre nieder'
(vgl. auch Hermanns Schlacht S. 44; Schiller 1, 185) hat eine
Parallele in dem Brief an Schlegel 8. Oct. 1748: 'Die volle
Schale der scheinbaren Glückseligen steige zur Hölle und
die Schale derer, die edel sind und leiden, gen Himmel! Dies
singen Sie einmal, mein Freund, wenn Sie sich wieder er-
mannt haben, der Welt; und die Welt erzittre, wenn sie hört
den Klang der goldnen Wage und das Niederstürzen der
vollen Schale, und die furchtbare Leyer. Ich bin auf einmal
poetisch geworden. Vielleicht sind aber diese Gedanken so
erhaben und so wahr, dass man sie entbehren würde, wenn

---

[1] Ich schwanke. Man vgl. Klopstocks Ode an Done (Kl. Schmidt
2, 144). — Herder Lebensbild 3, 103.

man sie unpoetisch sagte' (Lappenberg S. 10 f.). An Fanny (Cr.
2, 291 ff.) 7, 2 ff. 'bald tret ich feiernd in die Versammlungen,
hin ins Getön, ins Halleluja, in die Gesänge der Seraphinen' —
An Gott 6 'Nähmen sie Flügel, Flügel der Seraphim, und
flögen aufwärts, in die Versammlungen hoch ins Getön, ins
Halleluja, in die Gesänge der Harfenspieler'. Ode an Daphnen
6, 3 ¹ 'dann trennt kein Schicksal mehr die Seelen, die du
einander Natur bestimmtest' — vgl. Salem 13 ff. 'sie, für
einander erschaffen ...... dass kein Schicksal sie trennte'
(im Jenseits), An Gott 19, 1 f. 'aber dein Schicksal trennt
die Seelen, die Du so für einander schufst'. (Die Verwandlung 41 f. 'so donnert kein Schicksal sie zu trennen einher'.)
Die Ode an Daphnen schliesst mit den Worten 'umwölkt und
dunckel' === im Schluss vom Messias III flucht Judas dem
Tage seiner Erwählung: 'du müssest umwölkt und dunkel
und Nacht seyn'.

'Klingen' verbindet Klopstock auch ohne ein 'süss' u. dgl.
mit dem *dativus commodi,* ebenso 'tönen', 'rufen', 'horchen'
u. s. w.; vereinzelt 'lispeln' Elegie Dir nur 42 'ein mir lispeln-
der Hauch', 'weinen' Salem 74 'der schon lange mein Herz
geweint hat' (auch 'zuweinen' so) und Petrarka und Laura
10 f., ebenda 9 'hätte die dich gesehn, der du erzittertest',
mehrmals 'fühlen', 'beten' im Messias V 'dir beten unsterbliche Menschen .... dir beten sterbliche Menschen ....
dir betet der Seraph'.

5, 1 vgl. Friedrich der Fünfte 3, 2 f. 'schon da sein
menschlich Herz kaum zu fühlen begann' und Mein Vaterland 8. — 5, 2 Chiasmen sind bei Klopstock überaus häufig.
— 5, 3 die 'Liedervollen Hügel' sind der 'Pindus der Griechen'
(auch 'Achäerhömus' genannt), sowie die 'unsterblichen sieben
Hügel' Roms (An die Freunde I) einerseits als der profaneren
'Musen Hügel' (ebenda VII 3, 2), andererseits der Berg der
'Sionitinn', der 'Muse von Tabor'; s. u. 8, 1. 'Liedervoll' (vgl.
Lappenberg S. 19 u.): adjectivische Composita mit 'voll' neben
zahllosen Verbindungen wie 'voll von' sind in den Jugend-

---

¹ Ähnliches in Oden der Freunde; z. B. Giseke An Mademoiselle **
1751 Poet. Werke S. 167 'für einander bestimmt! wenn gleich der weise
Gott durch sein Schicksal euch noch beyde zu trennen scheint'.

oden — in den späteren immer weniger — und im Messias
sehr beliebt, namentlich zur starken Bezeichnung überströmen-
der Gefühle. Die todte Clarissa 6, 1 'die Liedervollen frohen
Hügel', Petrarka und Laura 50 'den fühlenden Liedervollen
Petrarka", ebenda 11 'wehmuthsvoll'. 43 'thränenvoll'. 'wehmuthsvoll' z. B. Friedrich der Fünfte an Bernstorf und Moltke
21, 'thränenvoll' Ode an Daphnen 9, 2, 'schwermuthsvoll' Ode
an Daphnen 11. 3, An Cidli 3, 4. 'unschuldsvoll' An Herrn
Bodmer 14, 'empfindungsvoll' Der Rheinwein 5, 2, 'seelenvoll'
s. u., 'ernst und gedankenvoll' verbunden An die Freunde I
5, 2 und III 6, 1 und in der Schlusszeile von Die Stunden
der Weihe, I 12, 1 und VI 1, 1 'weisheitsvoll, I 13, 2 'geister-
voll', I 11. 3 'herzenvoll', III 12, 2 'feuervoll' (Die beyden
Musen 8, 4), Wingolf VII 1, 4 'ernstvoll'. 'nachtvoll' Ode an
den Herrn E**t 62, 'bewundernsvoll' Lehrling 26, 'schamvoll'
Fragen 3, 2, 'kraftvoll' Die Chöre 11, 1, 'thatenvoll' Der Hügel
und der Hain 16, 2, 'inhaltsvoll' ebenda 31, 3. Zu den 'liedervollen Hügeln' gesellen sich die 'weinvollen Ufer' der Zürcher
See 2, 1, das 'leichenvolle Ufer' An die Freunde II 4, 3, der
'leichenvolle Fluss' Kaiser Heinrich 11. 2, der 'gebeinvolle
Meersand' Abschiedsode an G***9; und aus dem Messias
'jeder gebeinvolle Hügel' (IV), der 'gebeinvolle Hügel' Gol-
gatha (zweimal in IX), die 'todtenvollen Gefilde' und 'zween
nachtvolle Felsen' (VIII). Den sehr häufigen Beiworten wie
'wehmuthsvoll', 'sehnsuchtsvoll' u. s. w. gehe ich hier, was
den Messias betrifft, nicht nach und verzeichne nur ein paar
in den Oden seltene oder ganz fehlende: 'grauenvoll' oft,
'freundschaftsvoll' und 'feindschaftsvoll' (III), 'erstaunungsvoll'
(II, IV, später wird 'erstaunungvoll' bevorzugt, wie 'friedenvoll',
'wehmuthvoll', 'unschuldvoll' in X), 'grimmvoll' (IV), 'schauervoll'
und 'schreckenvoll' (VI), 'zornvoll' (VII), VIII: 'Der grosse, der
tiefe, der himmelvolle Gedanke' (X 'mit himmelvollem Gefühl'),
'du gnadenvoller Erdulder', 'den Wundervollen' (zweimal in
X), 'die todesvollere Wange', 'das nachtvolle Kreuz' (IX 'am
nachtvollen Kreuze'), 'ans blutvolle Kreuz' (IX 'zum blutvollen Kreuz, X 'die blutvolle Krone', den blutvollen Strick',
'an diesem blutvollen Tage'), VII 'qualvoll', 'qualenvoll', 'angst-
voll' u. s. w. — Am auffälligsten ist die Fülle in der grossen

Freundschaftsode, wo ausser den Compositen Ausdrücke wie 'voll Zärtlichkeit' 'von Zärtlichkeit voll', 'voll Wehmuth' 'von Wehmuth voll', 'voll Thränen', 'voll von . . . . Grossmuth', 'voll von feinem Scherz', 'von Tugend, von Grossmuth voll', 'tief voll Gedanken, voller Entzückungen' einander drängen. 6, 1 f. Die Darstellung des Klopstockschen Pathos, als ein Hauptkapitel in der Geschichte der neuen deutschen Dichtersprache, wird einmal bis ins einzelne zeigen müssen, welchen Reichthum von Formeln der sprach- und empfindungsgewaltige Dichter zur Bezeichnung oder besser zur ahnungsvollen Andeutung erschütternder und sanft bebender, hochfliegender und de- und wehmüthiger Empfindung, des andächtigen stillen Schauers, der oft nur halb zielbewussten Sehnsucht, kurz alles jugendlich überwallenden Gefühlsdranges geschaffen hat. Wer als Knabe das wuchtige 'O wie bin ich zermalmt' oder das selig verschwimmende 'so zittert Entzückung durch meine Gebeine' deklamiert hatte, konnte dann in den Dramen und Romanen, sowie in einzelnen Liedergruppen der Jünglingszeit Klopstocks sprachliche Eroberungen nutzen und überbieten. — 'Beben', 'zittern', 'schauern', 'weinen' u. s. w. ist in Klopstocks Jugendschöpfungen für alle Affecte des Leides und der Lust stereotyp. Andererseits gibt es ein 'furchtsames' und ein 'männliches' Beben (z. B. Die beyden Musen 4, 2). Vgl. noch An Fanny (Cramer 1, 293) 'mein Herz bebt, feurig und ungestüm zittert die Freude durch mein Gebein'. Nur ein Hinweis auf Goethes verwandte, doch stärkere [1] sinnlichere Diction sei gestattet: 'wer fühlet, wie wühlet der Schmerz mir im Gebein', 'ha, wie's in meinem Herzen reisst! zu neuen Gefühlen all' meine Sinne sich erwühlen', 'warum dein Herz sich bang in deinem Busen klemmt'; milder und verwandter im Werther, z. B. 'diese Jahrszeit der Jugend wärmt mit aller Fülle mein oft schauderndes Herz', oder bei der Losung 'Klopstock', die mit 'thränenvollem Auge'

---

[1] Dafür haben schon frühere Perioden vorgearbeitet. Vgl. Goethe 'Es brennt mein Eingeweide' (im Mignonlied 1, 222, und in 'Künstlers Apotheose' 8, 197 'Die Eingeweide brennen mir') — Günther (Gedichte 6. A. 1764 S. 607) 'Mein Eingeweyde brennt, der Schmerz zerfrisst das Mark'.

'unter den wonnevollesten Thränen' gegeben wird: 'ich versank
in dem Strome von Empfindungen'. —
6, 3 f. und 7, 1 f. Ode an den Herrn E**t 47 f. 'Ach
wenn in meines geliebtesten Schmidts Umarmung mein Auge
nicht mehr vor Zärtlichkeit weint', Ode an Daphnen 9, 1
'dein Bruder, von mir getreu umarmt', An Fanny Cramer 2,
296 'jene Schwermuth, die ich an deiner [Schmidts] Brust
verstummend weinte' und 'weil du mit allen meinen Thränen
Mitleid gehabt und mit mir geweint hast'. Zum Ausdruck
und, wenn das Wort erlaubt ist, der rührenden Pose vgl.
An die Freunde V 1 'siehst du die Thräne, welche mein
Herz vergiesst, Freund Ebert? weinend lehn' ich auf dich
mich hin'. — 7, 1 'hinweinen' auch zur Bezeichnung des
Zieles der Sehnsucht vgl. Ode an den Herrn E**t 23 (ur-
sprünglich 'zuweinen', s. d. Anm. zu 2, 2). Die Abschiedsode an G*** bietet noch 3 'durchweinen', 18 'aufweinen' (gen
Himmel), 26 'verweinen' ausser 'weinen', 'beweinen', 'unweinbar', 'Thränen', 'Zähren'; Elegie D. k. G. 41 'mitweinende,
weibliche Zähren', Die todte Clarissa 8, 3 'mitgeweinte Thränen',
Petrarka und Laura 26 'dein mitweinender Ton' (auch 'mit-
anbeten', 'mitklagen' begegnet). — 7, 2 'Thränen der Ehrbegier' vgl. Der Lehrling der Griechen 30 'Thränen nach
besserm Ruhm', Fragen 4, 1 'weinen vor Ehrbegier'. Dies
letzte für Klopstocks Art so characteristische Lieblingswort,
das in unserer Ode zweimal erscheint, auch Kriegslied 3, 1
'sein Antlitz glüht vor Ehrbegier', Der Rheinwein 13, 1, Mein
Vaterland 8, 2 'schon da mein Herz den ersten Schlag der
Ehrbegierde schlug', An Gott 11, 4 'hohe Begierde nach Ruhm',
An den Erlöser 7 'mein Herz der Ehrbegierde voll. Dem
Jüngling schlug es laut empor'; einmal Messias VII tadelnd zur
Bezeichnung der Vermessenheit Philos 'die Ehrbegier schwellte
sein Herz ihm empor, und vorstieg sich taumelnd über die
Wolken'. — 7, 3 vgl. An die Freunde V 4 'seelenvolles
trunknes poetisches Auge', Die Verwandlung (Der Adler)
63 'dein lächelndes Auge, das seelenvoll redt', Messias VIII
'der Sterblichen Auge; der grossen Gestorbnen seelenvolleres';
dagegen Ode an den Herrn E**t 17 'sieht dein Auge nicht
bang, und starr, und seelenlos um sich?' Ferner An die

Freunde III 5 'da flossen Thränen aus dem gerührten, entzückten Auge', IV 6, 1 'dieser von Zähren schwimmende süsse Blick', Elegie D. k. G. 21 'mein sanftthränendes Auge'. — 7, 4 *Miltoni umbra* wird in der Pförtner Valediction angerufen, Milton auch sonst in Oden feierlich genannt. An die Freunde III 8, 3 und 9, 3, An Giseke, An Fanny Cramer 2, 293.

8, 1 Die in[1] England begonnene Höhenmessung (Milton 1, 1 ff. 7, 1 ff., E. Rowe 40. Selbstgespräch, Young Nacht 5, 106 ff.) wurde in Deutschland zuerst von Pyra vorgenommen. So sagt er im 5. Gesang des 'Tempels der wahren Dichtkunst': 'Mit majestätschen Schritten trat Milton nun einher. Er hat die Poesie vom heydnischen Parnass ins Paradies geführet'. Klopstock Siona 2, 1 f. 'höher in Wolken, o Palmenhain, erblickst du das Thal, wie den Lorbeerwald', Kaiser Heinrich 7, 4 f. 'die Religion erhöht uns weit über Hömus,-und, Aganippe, dich'. Daran schliesst sich die ganze von den Engländern ererbte und nun weiter ausgebildete contrastierende Terminologie. — 8, 2 Urania ist Miltons Muse, die Muse der christlichen Sänger. — 8, 3 'Menscheneinsam' ein kühnes Compositum nach Analogie von 'menschenleer' oder 'menschenlos' (Friedrich der Fünfte, an B. u. M. 1 ff. 'da die beeisten Gebirge, und der einsame Wald stumm und menschenlos ruhn') gebildet; vgl. Aischylos ἄβροτος ἐρημία, ἀνάρθρωποι πάγοι. Hier von einer Person gesagt: einsam, ohne Gefährten, auf einsamer Höhe. Aber auch gleich 'den Menschen einsam': unzugänglich *(inaccessus)*, hier gesagt von Milton, dem *nulli fere imitabilis*, wie dieselbe Abschiedsrede von der *inaccessa magnitudo* redet und später die *inaccessa aliis adorandae religionis amplitudo* prophetisch dem künftigen deutschen Epiker erschliesst. — Echt Klopstockisch ist die asyndetische Häufung und Wucht in der ungewöhnlichen Wortverschränkung. 'unnachgeahmt': sowol bisher nicht nachgeahmt, als auch unnachahmbar (s. o.), ein dem *inaccessus* u. s. w. entsprechender Latinismus. Anders in Fragen 1, 4

---

[1] Byron hat die Verkleinerung des Parnass in den herrlichen Stanzen Childe Harold 1, 60 ff. gesühnt.

'selber unnachgeahmt'. Klopstock liebt derlei prägnante Negationen: An die Freunde III 5, 1 'ewig unnachahmbar'; Messias I 'unnachahmbarere Thaten', 'dem ganzen Geistergeschlechte unempfindbar', II 'Sterbenden selbst unempfindbar' (Schönaich: 'Ein mächtig neologisches Wort'), III 'Thränen, Menschen unweinbar'; Abschiedsode an G*** 21 'den Freundschaftslosen unweinbar', Der Hügel u. d. Hain 33, 2 'unbeweinbar', 'unbesingbar' Ode an Daphnen 10, 2 und Elegie 39. Das Anschaun Gottes 23 'unüberdacht'. Kühn schliesst Ramler den 'Triumph' mit der Neubildung 'unnachgesungen'. Ebert erfindet für Youngs *inexpiable* (5, 53) ein 'unaussöhnbar'. 'Unnachsprechlich' finde ich S. v. S. 2, 4.

9. 1. Das 'still ansehen' hier so weihevoll ernst, wie sonst ein 'stillanbetend' oder 'tief anbetend'. — Das Particip mit dem Dativ ohne 'von' gemäss dem Sprachgebrauch der augusteischen Dichter, des Tacitus u. s. w. Ebenso setzt Klopstock zu Adjectiven auf 'bar' und 'lich' den Dativ ohne 'für' (s. o. unter 8, 4 und vgl. ausserdem im Messias VII 'ein Körper . . . . nur den Schmerzen empfindlich', X 'unbezwingbar den Kleinigkeiten', oder ohne 'gegen' Messias III 'unerbittlich den sclavischen Sündern'). An Fanny Cr. 2, 300 'dir kaum bemerket', An Gott 28, 4 'Gott nur bemerkt', Ode an Daphnen 4, 2 'unangemerkt dem Pöbel' (Bodmer 1747 über Klopstock 'den Grossen, den Glücklichen, und dem Pöbel unbemerkt' Mörikofer S. 145). Elegie 50 'keinem Zeugen behorcht, keinem beobachtet' (dafür Die künft. Geliebte 48 'nicht von Zeugen behorcht'), An die Freunde VIII 3, 3 f. 'Dichtern nur vernommen, niedrigen Geistern unhörbar'. — 8, 3 f. prophetisch, visionär, vgl. Elegie 39, Cramer 2, 334, An die Freunde vorletzte Strophe. Der Schluss dieser Ode mit seinem Ausblick über die grossen Dichter der Vergangenheit und Zukunft — 'segnend seh ich ihr heilig Geschlecht hervorgehn' — ist für Motiv und Ausdruck heranzuziehen. Vgl. An die Freunde II 4, 3 f. 'Auf! segn' ihn Muse, segn' ihn zum Lied von der Auferstehung' (Cramer). Der junge gottbegeisterte und gottgeweihte Sänger, der sich in der Abschiedsrede gleichsam selbst zum christlichdeutschen *vates* gesalbt hatte, weiht kraft seiner eigenen Berufung den

Freund, den Dichter des 'Weltgerichtes', zum heiligen Dichter im Sinne Miltons. Eine früher citierte Ode zeigte Schmidt ja schon in den 'Versammlungen der Musen Tabors'. Vgl. Neologisches Wörterbuch S. 86. Wir lachen heute mit Recht über Schönaichs Dichterkrönung; wir Modernen mögen auch diese überschwängliche, stolze Hohepriesterlichkeit des Jünglings Klopstock leicht belächeln. Eine Goethesche 'Zueignung' war ihm 'unsingbar'; aber wie voll tönt sein *Nascere dies magne* gegen Langes 'Damon empfängt von Horatz die Lesbische Leyer' (Freundschaftliche Lieder S. 3 ff.) Pyra — mit Bedacht sei nochmals auf ihn verwiesen — ruft seinem 'werthen Lange' am Schlusse des 'Tempels' zu:

> So stimme deine Laute;
> Jedoch lass allezeit, so oft du singst und spielst
> Den Vater und den HErrn der Engel und der Menschen
> Den gantzen Inhalt seyn. Drauf ruft sie ihn zum Thron
> Und hier bedeckten ihn die drey vertrauten Schwestern
> Die Gottesfurcht, Natur und Anmuth alsobald
> Die Schultern und sein Haupt mit einem weissen Schleyer,
> Den dieses Kleeblat selbst mit eigner Hand gewebt.
> Sie stieg herab und bog den Kranz um seine Scheitel,
> Und sprach ich weihe dich hiermit zum Priester ein.

So segnet Klopstock seinen Schmidt 'zum heiligen Dichter'.

2. SCHMIDT AN KLOPSTOCK.

Der Cultus der Freundschaft, von dem wir eben eine neue Probe kennen lernten, fand nicht nur einen einseitigen poetischen Ausdruck. Auch Schmidts von Klopstock geweihte Saiten erklangen zum Preise des Vetters, den er gern als Schwager begrüsst hätte. Johann Christoph Schmidt war nicht arm an Tönen; ihm gebührt in der Reihe der Bremer Beiträger ein ehrenvollerer Platz, als unsere Compendien ihm zuerkennen, aber Spielerei und Mangel an nachhaltigem Ernst haben ihn an erfolgreicherer Bethätigung seines Talentes gehindert. Aus seinen zerstreuten Versen, den Briefen an Gleim und Klopstock, den Erwähnungen in Correspondenzen und in des letzteren Oden gewinnen wir folgendes Bild.

Gleichzeitig mit Klopstocks Jugendarbeit am Messias, die sich bekanntlich schon früh auf spätere Partien des Epos vom letzten Gericht erstreckte, versucht sich Schmidt als Miltonianer. Er lässt in Briefen Verse von E. Rowe, 'der Todten Gesellerin', einfliessen. Er unterredet sich mit Klopstock ausser 'von seiner erhabenen Schwester' auch 'vom Weltgericht'. Kein Fragment des unvollendeten Versuches ist auf uns gekommen. Bodmer schreibt am 7. Wintermon. 1748 (Zehnder S. 336), nachdem er seines seltsamen Appells an Fanny gedacht hat: 'Sie hat einen Bruder, der *meditiret* ein *poema* vom Weltgerichte'.

Gleichzeitig mit Klopstocks elegischen Klagen um die noch immer nicht liebende Geliebte tröstet ihn Schmidt im

elegischen Versmass. Vgl. Klopstock an Bodmer 5 XI 48.
Ausser einem 'ungemein zärtlichen Briefe', worin er seinen
'ehrerbietigen Schauer' für Klopstocks thränenreiche Liebe
kundgab, sang der 'recht göttliche Jüngling' beruhigend:

Freund, ich kannte dein Herz, des Mädchens Zärtlichkeit kannt' ich:
Sieh darum bat ich sie dir heimlich vom Himmel herab,

Verse, welche Klopstock ausser nach Zürich auch an Schlegel
sandte (Lappenberg S. 13).

Klopstock nennt ihn (s. o.) 'höhein Gesängen aufer-
zogen' und lässt ihn in Tibulls blumige Thäler 'von der Höhe
der Ode' hinabhorchen (Elegie Der du zum Tiefsinn 17 f.).
Cramer setzt zweimal Klopstocks jugendlichem Lob einen
Dämpfer auf 1, 201, 2, 271. Und doch gehören Schmidts
ernste Verse zu den besten Leistungen des Kreises. Mehr frei-
lich die freundschaftlichen Jamben an Gleim (Klamer Schmidt
'Klopstock und seine Freunde' 1, 165), als seine alcäischen
Strophen ebenda 1, 205 f. Die 'Ode an Herrn Kl**ck'
(Sammlung verm. Schriften 1, 477 ff., auch in Schubarts
Sammlung S. 40) 'ist von Schmidten', wie Klopstocks Brief
an Bodmer 28 XI 49 beweist.

Er besass eine recht bedeutende und vielseitige litterarische Bildung. Mit Kleist (seit Anfang Juli 1746) und
Ramler persönlich bekannt, bewundert er beide, und weiss
den 'Frühling' mit Thomsons 'Jahreszeiten' verständig zu vergleichen. Er citirt Pope und Congreve, italienische Lyriker
und Epiker und mit Vorliebe die augusteischen Dichter Roms.
Besonders wichtig aber scheint mir, dass er sich aus Olaus
Wormius, oder indirect aus Temples Abhandlung *de la vertu
héroïque*, für die altnordische Dichtung und die 'celtische'
Mythologie erwärmt hatte. An Gleim 12 IX 50 Kl. Schmidt
137 ff. Sehr wahrscheinlich, dass er Klopstock den ersten
Hinweis auf diese für Klopstocks Lyrik verderblichen Pfade
gegeben hat. Wichtig ist auch, dass er Lodbrogs Sterbelied
in dem Masse der berühmten Chevychaseballade übersetzte
(a. a. O.), welche, von Addison im Spectator 1, 70 und 74
begeistert eingeleitet, ja Klopstock 1749 Metrum und Stil
für sein später verballhorntes 'Kriegslied' geliefert hatte. Ich
wage die Vermuthung, dass die Parodien 'Trinklied' und

'Liebeslied' nicht von Klopstock, sondern von dem Anakreontiker Schmidt stammen. In demselben Mass hat Weisse das genannte altnordische Lied aus De litteratura runica übertragen; die Balladenstrophe mit [1] Reimen führt Gleim 1756/57 in den Grenadierliedern ein, so übersetzt Weisse den Tyrtäus, dichtet er die Amazonenlieder u. s. w. Im allgemeinen wies Schmidts Natur mehr auf das Gebiet der heiteren Muse. Eine ausführliche Selbstcharakteristik gibt sein Brief Kl. Schmidt 2, 46 ff. Er hatte ein 'Talent, alle Dinge komisch vorzustellen' (24 II 53). Dieses Talent wurde seinem Verhältnis zu dem empfindlich stolzen Klopstock gefährlich. Seit 1751 vollzieht sich die Entfremdung. Natürlich spielte in dem Bunde der beiden Klopstocks Liebe zu Fanny eine verkettende, die Abwendung dann eine abkühlende Rolle. Anfangs zeigt sich Schmidt in Oden (s. u.) wie in 'theuern Briefen', deren einen ihm Klopstock dann mahnend vorhielt Kl. Schmidt 1, 271, als Klopstockenthusiasten. Aber gelegentliche launige Aeusserungen über Klopstock, den prahlerischen Propheten der Damenwelt, und die 'halb weltlichen, halb geistlichen Galanterien' des Messiasdichters gegen die Schinzin, seine Abneigung gegen die unbekannten Geliebten (Kl. Schmidt 1, 187 u. f.) und andere Constructionen zeigen, dass er nicht lang seraphische Wolkenflüge that, sondern lieber hübsch auf ebenem Boden stehend den Luftschiffern mit ironischem Lächeln nachsah. Er bewundert Klopstocks Oden enthusiastisch (1, 173), aber die Schilderung seiner Trunkenheit erinnert von fern an Lessings böses Wort über die Lyrik, die so empfunden sei, dass man gar nichts mehr dabei empfinde. Er schreibt nicht nur den anakreontischen, sondern auch den leidenschaftlichsten Freundschaftsstil, überhaupt ein Sanguiniker, um in demselben Briefe eine kleine Spitze gegen die Ode an Ebert anzubringen (1, 203—206): 'Es ist eine ganz andre Sache um die Sprache eines wahren gerührten Herzens, als um den Affect eines Dichters, wenn er auch, wie Klopstock, sich den Tod aller seiner

---

[1] Giseke schon 1750 Poet. Werke S. 153. — Reimlos Sammlung verm. Schr. 3, 488 An Herrn Rittmeister von S**.

Freunde in einer Ode vorstellen sollte'. Uebermüthig flicht er in einen Brief an seinen 'kleinen Klopstock' (VIII 50) Verse ein, worin er hohe Worte des Freundes harmlos parodiert (1,. 112), gleichwie er eine eigene ernstere Freundschaftsrevue (18 X 51, 1. 139) mit der scherzenden Wendung 'Noch Einer kommt' abbricht, offenbar im Gedanken an seinen und Rothes Vormarsch in Klopstocks An die Freunde 3, 10 'Noch zween kommen'. Sogar in dem zusammen mit Gleim und Klopstock selbst an Schlegel erlassenen Briefe (12 VI 50 Lappenberg S. 33 ff.) brüstet er sich nicht nur mit seiner Ueberlegenheit im Küssen, sondern spottet auch darüber, dass Klopstocks Liebchen ungeküsst ins Grab steigen. Klopstock aber in jungfräulicher Unschuld auferstehen werde, und ruft: 'Mir so an die Seele zu greifen! . . . . mir an dessen Grabe Enkel und Enkelinnen einst klagen werden: 'ach! dass der Jüngling starb'. Weil ich mit allen ihren Müttern Mitleid gehabt, und sie alle küsste' = Petrarka und Laura 86 ff. und An Fanny Cr. 2, 296 'Ach! lebte der noch, welcher so zärtlich war, Der fromme Jüngling! Die wird dich segnen Freund! Weil du mit allen meinen Thränen Mitleid gehabt, und mit mir geweint hast!' Gleim schliesst: '. . . alles zu travestiren, das ist sein ein und sein alles. Durch ihn werden Engel Teufel, und Teufel Engel. Würde er wohl noch der witzige Schmidt seyn, wenn er nicht mehr travestirte?' Derlei nicht bös gemeinte Scherze finden sich noch mehr. Von ihm ist wol auch die Ode An Herrn K . . . einen Virtuosen S. v. S. 2, 179 f., deren Schluss 'Ein schmachtender Triller von dir ist mehr als hundert Concerte, von vierzig muthigen Stümpern gelärmt' an Elegie Der du zum Tiefsinn 29 f. 'Ein beseelender Kuss, ist mehr, als hundert Gesänge' erinnert. Später (21 VI 53) kamen ihm die Klopstockschen Gebete 'zu dunkel' vor. Klopstock selbst war durch 'kleine Wendungen seines Herzens', die Schmidt sich hatte gegen ihn entschlüpfen lassen, schmerzlich berührt worden.

Ein gewandter Stilist und Versifex aus Gleims und der Franzosen Schule, warf er gleich Giseke und anderen Mitarbeitern des 'Jünglings' aus Prosa und gebundenen Zeilen gemischte Briefe hin, die nach seinem eigenen Witz so lang

wie seine Statur waren. Vgl. 1, 258 ff., 303. Ein Freund
Klopstocks wagt in tändelnden Versen den wollüstigen Gre-
court (1, 337) oder eine frivole Erzählung Lafontaines (1,
116) zu citieren. An *poésie fugitive* ist bei ihm kein Mangel
(1, 158, 166). Klopstock selbst liebte einige anakreontische Dichtungen
Schmidts. Eine ist für ein 'tejisch Lied' zu burschikos und
roh: 'Die Ueberzeugung', nämlich von dem alleinseligmachen-
den Wein- und Liebesgenuss. Die zweite Strophe beginnt
'Homer war stets wie ich betrunken, wann er von seiner
Pallas sang', die vierte spricht mit derselben Respectlosigkeit
von Plato. Das Ganze ist ein Gesellschaftslied 'Umarmt mich
jugendliche Weisen' mit lustigen tutti wie:

> Freund, schildr' uns die Welt bequemlich und leicht,
> Wir horchen und jauchzen schon halb überzeugt,
> Wir fühlens, ein Dichter, der küsset und zecht,
> Der Dichter der Weisheit hat allezeit recht.

Dieses kecke Lied gab Klopstock auf der berühmten See-
fahrt den Züricher Freunden und Freundinnen zum besten
(Hirzels Bericht bei Mörikofer Die schweizerische Litteratur
S. 174) — neben dem vielbegehrten schmachtenden Abschnitt
von Lazarus und Cidli aus dem Messias. Man beachte, wie
er die letztere Declamation für die Ode nicht verwenden
konnte, wie er aber den Vortrag von Schmidts Versen schön
idealisierend verallgemeinerte: 'wir Jünglinge sangen und
empfanden wie Hagedorn'. Er schreibt an Schmidt 15 VIII
50: 'Ich habe Ihre A p o t h c o s i s und die U e b e r z e u g u n g
den Mädchen öfters vorgelesen. Sie können leicht denken,
dass die Mädchen wol noch mehr Lieder von Ihnen sehen
möchten. Schicken Sie mir welche! Die Mädchen sind Ihnen
hier, nach mir, am Meisten gut, und Das hab i c h gemacht'.
Altvater Bodmer aber schreibt noch am 16 I 52 empört an
Hess (Zehnder S. 497): 'Sie haben Schmied zu viel Ehre
gethan, da Sie ihn für den Verfasser des Lobgesangs [auf
die Liebe] hielten. Lasset uns Schmied für nichts grösseres
halten, als für den Verfasser des Trinklieds, die Ueberzeugung, welches Kl. so gern nach dem *Abbadona* gelesen
hat'.

Manches dieser Art mag anonym z. B. in der Bremer
Sammlung enthalten sein; vgl. etwa 1, 376 f., 485 (Homer
sang mit verbuhltem Feuer ... Anakreon der weise Zecher)
2, 386 ff. (Ich les ihn, den soliden Geist, ... um auf ihn
Satyren zu dichten) u. s. w. Viel beachtenswerther ist die
'Apotheosis des Anakreon': 'So trat Anakreon in die Ver-
sammlung Der Götter alle', eine schwungvolle mit einer
Schmeichelei für Anakreon-Gleim abschliessende Verherrlichung
des alten Sängers und seines Einzugs unter die Olympier.
Sehr wirkungsvoll ertönt zweimal das Θέλω, θέλω μανῆναι
(aus Anakr. 13 und 31, an letzterer Stelle dreimal). Schmidts
Fassung bei Kl. Schmidt 1, 153 ff., poliert in Matthissons
Lyr. Anthologie 3, 259 ff. Er sandte das 'neugeborne' 'Kind,
das gar keine Schmerzen gekostet hat' im August 1750 an
Gleim (das 'Septbr' Kl. Schmidt 1, 146 muss nach der oben
mitgetheilten Erwähnung des Gedichtes durch ¹ Klopstock im
August falsch sein.)

---

¹ Klopstock ahmt Anakreon in dem 'tibullischen Lied' Cramer 2,
232 ff. nach, das ausserdem Beziehungen zu Ovid (Aurora und Cephalus,
Byblis vgl. Elegie D. k. G. 5 f. und J. A. Schlegel Verm. Ged. 2, 99
'Vor Wehmuth Byblis sich in einen Quell zerweint') und in den drei
Versen S. 337 o. eine Uebertragung aus Ilias 13, 17 ff. enthält.
So ging Aurora daher, als sie von thauenden Bergen
Menschlicher ins Thal hin, zu ihrem Cephalus kam.
Zwar ein himmlischer Glanz floss um die Schultern der Göttinn,
Und das Gebirg' erklang unterm unsterblichen Fuss;
Doch da sie näher ihm kam, liess sie die Gottheit im Haine
Vgl. Poseidon
Αὖτικα δ'ἐξ ὄρεος κατεβήσετο παιπαλόεντος;
κραιπνὰ ποσὶ προβιβάς· τρέμε δ' οὔρεα μακρὰ καὶ ὕλη
ποσσὶν ὑπ' ἀθανάτοισι Ποσειδάωνος ἰόντος . . . .
35. . . . . *παρὰ δ'αὐβρότιον βάλεν εἶδαρ ἔδμεναι.*
Vgl. Messias 5 'Gott sprach so, und stand auf vom ewigen Throne. Der
Thron klang unter ihm hin, da er aufstand. Des Allerheiligsten Berge
zitterten' (auch Eloas Fahrt ebenda: 'Da erklangen die goldenen Ach-
sen' u. s. w.).
Dann aber fordert die lange Tändelei von dem Sylphen, abgesehen
von der Verwandtschaft des Motivs mit Popes und Zachariaes Epopöen,
zum Vergleich mit dem spielerigen Brief an Fanny 11 V 51 (vgl. 10
VII 50) heraus. Aus Anakr. 9 *Ἑρασμίη πέλεια* stammt in der Elegie der
'geschwäzige Ton' *λαλιστέραν* und das 'vom geistigen Wein des weisen

Ich lasse nun zwei Oden Schmidts an Klopstock folgen.
Die Drucke der ersten sind bereits genannt, die zweite liegt
nur in einer Ringschen Abschrift vor.

Zu dem durchgeführten Vergleiche von dem zärtlichen
Jüngling, der im Kampfe fürs Vaterland fällt und über dessen
blutenden Körper die nacheilende Braut sich beugt, ist auf
das 5. und 6. Buch des Gloverschen Leonidas, die Geschichte
des Teribazus und der Ariana, als Quelle zu verweisen. Daher
auch mehrere Klopstocksche Bilder. Messias III gegen
Schluss, Friedrich der Fünfte u. s. w. Klopstock sah in dem
stumm liebenden Teribazus sich selbst. in Ariana Fanny, im
Bruder Hyperanthes seinen Schmidt. Vgl. an Bodmer 5 XI
48: 'Ebert hat den Leonidas übersetzt [Sammlung verm.
Schriften 1, 1 ff.]. Die Geschichte von dem Teribazus und
der Ariana hat mich so angegriffen, dass ich mir wie das[4]
marmorne Bild vorkomme, das über dem Grabmale eines
todten Helden steht' (a. a. O. 1, 118 'Gleichwie ein mar-
mornes Bild über dem traurigen Grabmale eines todten Helden,

Anakreon trunken' πιεῖν δ'ἐμοὶ δίδωσι τὸν οἶνον ὃν προπίνει u. s. w. Ge-
nauer schliesst sich der anakreontische Brief, ein Gespräch mit der
Taube, an. Er nennt sie 'liebenswürdig' ἐρασμίη, er fragt sie nach dem
Weg und ihrer Athemlosigkeit v. 2 ff. Sie bestellt Briefe ἐκείνου ἐπιστολάς;
κομίζω, ist Liebesbotin 'Ανακρέων μ'ἔπεμψε πρὸς παῖδα, πρὸς Βάθυλλον,
sie antwortet, sie soll sich auf seine Leier setzen κοιμωμένη δ'ἐπ' αὐτῷ
τῷ βαρβίτῳ καθεύδω. — Für frühere Partien der Elegie möchte ich an
das Rosenlied Anakr. 5 erinnern; die κούρη βαθύκολπος; citiert Klopstock
gelegentlich in einem Brief. Eros χαρίτεσσι συγχορεύων — Klopstock be-
reute bald ihn besungen zu haben, 'nicht gewöhnet zu sehn tanzende
Gratien', zu dichten wie Schmidt und Hagedorn. Zur Palinodie 'Unberufen zum Scherz', der Abmahnung der Muse, vgl. Anakr. 1 Θέλω λέγειν
Ἀτρείδας; Properz Eleg. II 1, 18 ff., Horaz Carm. I 6 und IV 15 Phoebus
volentem proelia me loqui, Vergil Ecl. 6, 3 f. Cum canerem reges et
proelia, Cynthius aurem vellit et admonuit. — Dasselbe Taubenliedchen
verwerthet Klopstock für seine Verherrlichung 'ἀμίνθεως Anakreons'
Der Lehrling der Griechen 3 ff. (9 'Eure Fittige liebt, und ihn um-
schattetet': καὶ δεσπότην ἐμοῖσι πτεροῖσι συσκιάζω).

[1] Die Königinn Luise 3, 1 'So steht mit starrem Blick, der Mar-
mor auf dem Grabe'. — 1, 1 Den Vergleich freundschaftlicher und bräut-
licher Trennung hat z. B. auch Cronegk im Eingang des Gedichtes
'An Gärtner'.

der sein Vaterland liebte, unbeweglich mit nachgeahmter
Betrübniss das Haupt niedersenkt: also hieng die Prinzessinn
über dem entseelten Körper, in einer Ohnmacht von Traurig-
keit'); an Hagedorn 19 IV 49: 'Meine Geschichte hat einige
Aehnlichkeit mit der Geschichte der Ariana und des Teribazus
im Leonidas. Meine Singer hat einen Bruder, der der Freund
meiner Jugend, und der Liebling unter meinen Freunden ist
.... Ich wünschte, dass nur nicht vielleicht diese vornehmste
Aehnlichkeit der Geschichte fehlte, nämlich die geheime
Neigung des Mädchens'.

a. ODE
AN HERRN KL**CK.

1. Wie in einsamer Nacht eine verlassne Braut,
  Der des Vaterlands Noth ihren geliebtesten,
      Ihren zärtlichen Jüngling
          Aus dem schmachtenden Arme riss,

2. Hin, wo Opfer des Schwerdts wartende Gräber schon
  Schaarenweise gefüllt, wie die Verlassne da
      Lange traurige Stunden,
          Tief vom Schmerze gebeugt, verweint.

3. Der Entzückungen Bild, die sie an seiner Brust
  Sonst mit Wollust berauscht, fühlt nun ihr Herz nicht mehr,
      Und, zu Thränen gewöhnet,
          Kennt ihr Auge den Schlummer nicht.

4. Oft im Schatten verwirrt, sieht sie des Jünglings Haupt
  Ganz mit Blute bedeckt, hört wie er nach ihr ruft,
      Sie bey Namen noch [1] dreymal
          Röchelnd nennet, und niedersinkt.

---

[1] Vgl. An die Freunde II 'Dann soll mein Schutzgeist, schweigend
und unbemerkt Dreymal dich segnen! dreymal dein sinkend Haupt Um-
fliegen, und nach mir beym Abschied Dreymal noch sehn', Petrarka und
Laura 5 ff. 'Dreymal schlug mir mein Herz. Dreymal erbebtest du
. . ; Seele ... Dreymal erschreckte dich Deiner Einsamkeit bang Gefühl',
Elegie (D. k. G.) 46 f. 'dreymal gesegnet sei mir' doppelt, Messias II
'Dreymal seufzt er noch'.

5. O! Da stürzt sie aus Angst zu ihm, und weinet laut,
   Bis der dämmernde Tag halb schon die Nacht verscheucht,
      Und ihr kraftloses Auge
      Sich zu schrecklichern Träumen schliesst:

6. Freund, so klagt ich um dich, als dich mein Herz verlohr!
   Lange zweifelt ich noch, ob es sich nicht betrog,
      Doch du wagtest es grausam,
      Weinend küsstest du mich, und flohst.

7. Voll Verzweiflung und wild folgte mein Blick dir nach,
   Bis das ferne Gewölk hinter dir niederfloss.
      O! da stand ich, und bebte,
      [1] Stumm und fühllos, gleich Sterbenden.

8. Im Getümmel des Kampfs, der mir das Herz zerriss,
   Sank ich matt und betäubt und wie im Taumel hin.
      Schmerz! Du währst noch, in lange
      Finstre Traurigkeit aufgelöst!

9. Dort im schattichten Häyn, wo die Zufriedenheit
   Uns sonst lächelnd empfing, hab ich dich oft gesucht.
      Doch die Spuren im Grase,
      Wo wir schlummerten, fand ich nur.

10. Dort am Bach, der vor uns süss, wie ein tejisch Lied,
    Im harmonischen Ton lispelnd, vorüber schlich,
       Girrt ich oftmals, und klagte,
       Und er murmelte trauriger.

11. Jene Buchen, die oft, wenn du ein Lied begannst,
    Ihr ehrwürdiges Haupt zu dir herabgeneigt,
       Fragt ich; wenn ich sie fragte
       Seufzt in ihnen die Dryas laut.

12. Wenn der Abendstern kam, wenn sich die Rose nun,
    Vom liebkosenden West nicht mehr geschmeichelt, schloss:
       Da entrann ich dem Häyne,
       Und schlich einsam die Fluren durch.

---

[1] Der Lehrling der Griechen 19 f. 'die Leichname stumm und
seelenlos ausgestreckt'.

13. Nicht voll Freude wie erst, nicht wie ich sonst umringt
    Vom sanfttönenden Laut lesbischer Lieder kam,
    Dem mit goldgelben Haaren
    Patareischen [1] Phoebus gleich;   •

14. Damals floss noch mein Lied voll von Beredsamkeit,
    Die der Mädchen Herz rührt. Oft hat Cythere selbst
    Die vom Häyne herabstieg,
    Mit den Gratien mich behorcht.

15. Voll jungfräulicher Schaam, die auf den Wangen sass,
    Wie mein Mädchen voll Reiz, tanzten sie rings um mich;
    Da entwölkte der Mond sich
    Und hieng aufmerksam über uns.

16. Nein, die Stunden sind hin, itzt haucht der Abend mir
    Keine Freude mehr ein, seit mir von seinem Reiz,
    Der mich vormals entzückte,
    Nur die Einsamkeit übrig blieb.

17. Freund wie flüchtig und schnell schlüpfte die goldne Zeit
    Meiner Jugend vorbey? Da als ich dich besass,
    Und mit Rosen umkränzet
    [2] Deinen Armen entgegenkam!

18. Stunden, eilet zurück! Lasst mich ihn wiedersehn!
    O! dann soll ihn mein Arm fassen, und rings um mich
    Soll ein ewiger Frühling
    Auf den fröhlichen Fluren blühn!

Noch bezeichnender für die von bewusster Mache nicht
freie Ueberschwünglichkeit und die 'künstliche Unordnung' der
Odendichtung im Kreise der Klopstockianer ist die folgende
Apostrophe, der vorigen in Motiven und einzelnen Wendungen

---

[1] 'Delius & Patareus Apollo. Horaz' Anm. Schmidts. Carm. III
4, 64. Klopstock An die Freunde VI, wo diese Ode mehrfach benutzt
ist, 5, 1 'Patareus'.

[2] Danach Klopstock An Bodmer 27 f. (Schluss): 'Dieses Glücke
ward mir, als ich das erstemal Bodmers Armen entgegenkam' (anders
An Gott 17, 3 vgl. auch 26, 1; Giseke Poet. Werke S. 175, Schlegel
S. v. S. 1, 452).

verwandt. Beide möchte ich in die Tage versetzen, als
Klopstock von Leipzig aus in das Weissache Haus nach
Langensalza geschieden war. In Zürich hat sie dann Ring
copiert. Eine Note zu v. 56 wird ergeben, dass Bodmer die
zweite Ode wol 1748 oder 1749 von Klopstock erhielt. Was
die Ueberschrift angeht. so würde die Vermuthung 'Kühnert'
sei fälschlich statt 'Klopstock' aus 'K' ergänzt der inneren
und äusseren Wahrscheinlichkeit nach unglücklich sein. Wir
besitzen aus der Bremer Genossenschaft z. B. die 'Ode an
Herrn Cl.', welche nur von Arist und Charlotte handelt; wir
wissen ferner, dass Schmidt gerade Kühnert gegenüber seine
Freundschaftsgefühle für Klopstock emphatisch ausgesprochen
hat (Kl. Schmidt 1, 271), dürfen also dem Befremden. dass
der Dichter einem Freund eine Ode zueignet. worin er nicht
ihn, sondern einen anderen feiert, nicht zu sehr nachgeben.
Ich versehe Rings Copie mit der nöthigen Interpunction und
verbessere einige offenbare Fehler. Das Metrum wie in
'Petrarka und Laura', die Sprache so weitschweifig wie in
Klopstocks Elegien.

b. ODE

AN HERRN KÜHNERT VON SCHMIDT.

1. Freund in Thälern, um die ein Quell
    Schlangenartig sich dehnt, um die zur Rechten hin
    Ein geheiligter Lorbeerhäyn
    Seine dämmernde Nacht kühlender Schatten wirft,
5. Wandelt ich ruhig und unbekannt
    Meine Lebenszeit in einsamem Pfade durch.
    Siehe, hätte mir Jupiter,
    Da er aus dem Gedräng wählbarer Atomen
    Mich mit künftigen Königen

--- --- ---

1. Hs. 'Lenz'. — 3. An die Freunde VII 1, 3 'geweihten Lorbeer-
schatten'. — 4. Ode (Bardale) 7, 1 'des Schattens Nacht', Die Stunden
der Weihe 8, 2 'dieser schattigten kühlen Nacht', Zürcher See 7, 1 f.
'die beschattenden kühlen Arme des Walds', 17, 1 f. 'in den Umschat-
tungen in den Lüften des Walds', 19, 3 'Schatten-Wald'. Friedensburg
6, 1 'des schattenden Walds Wipfel', An Cidli 29 f. — 6. vgl. Schmidt
an Gleim 29 IX 50 Kl. Schmidt 1, 171.

10. Und der zahlreichen Schaar künftiger Elenden,
     Was ich würde, noch zweifelnd rief;
     Hätt' er, da er mich schuf, den unvollend'ten Plan
     Seiner Schlüsse mir vorgelegt,
     Hätt' er lächelnd gesagt: wähle, was willst du seyn,
15. Wähle was du besitzen willst:
     O da hätt' ich gewiss Kronen und Scepter nicht,
     Sclaven hätt' ich mir nicht erkiest,
     Nein! nur was ich izt bin hätt' ich mir ausgewählt,
     Was izt mein ist, besäss' ich auch.
20. Gib mir Lalagen nur, hätt' ich zu Zeus gesagt,
     Die mit zärtlicher Sorgsamkeit
     Deine schaffende Hand neben mir bildete,
     Gleich der Gratien unschuldsvoll,
     Voll erhabenem Reiz deiner unsterblichen
25. Letztgebornen Minerva gleich.
     Gib mir Klopstocken auch, hätt' ich zu Zeus gesagt
     Und mit niedergebeugtem Knie
     Tief anbetend gefleht: Sieh mich nicht zürnend an,
     Vater aller Olympier,
30. Wenn ich, da ich ihn bat, mich zu viel unterwand.
     Ihn nur! Sonst nimm mir alles hin,
     Nimm mir Lalagen selbst, Lalagen, die mich liebt,
     Die mein Leben versüssen wird!
     Doch was sprach ich? Ach Zeus, ach, wenn ich sie verlöhr',
35. Wärs vergebens, dass du mich schufst,
     Wärs vergebens, dass ich Klopstockens Herz erfleht —
     Ach kaum leb ich und fühle schon,
     Wenn mein bebendes Herz dieser Gedanke trift,
     Alle Qualen der Todesangst:

---

12. Hs. 'unvollendeten'. — 20. Lalage vgl. die Briefe Kl. Schmidt
1, 4, 171, 213 — 21 f. vgl. mehrere Stellen in Salem, Cr. 2, 300 'dass
die Natur ihn für dich erschaffen', 2, 352, An Gott 18 f. — 28. Cr. 2,
298 'ausgebreitet vor dem, der ewig ist, wenn ich anbetend tief', Ode
an Daphnen 2, 1 'Und stillanbetend nach dem Olympus hin', Das neue
Jahrhundert 13, 4 'mit tiefanbetendem Preise'. — 30. Cr. 1, 249 'O so
bät ich zu viel'. — 35. Die Verwandlung 15 'Ach vergebens Erschaffne,
wenn jene, die die Natur dir gleich schuf, ewig dich flieht'.

40. Ach, wirst du mir geraubt, Lalage, wärs umsonst,
    Dass ich wurde, dass Zeus mich schuf.
    Zeus, ach! fordr' ich zu viel, wär' dein Geschenk zu gros,
    O, so schaffe mich ihrer werth!
    Freund, so hätt' ich gefleht, Thränen hätt' ich geweint,
45. Thränen, wie sie izt Klopstock weint.
    Hätt' ich ihn dann erweicht, hätte mich Zeus erhört,
    O, so hätt' ich vom Uebermaass
    Meiner Freude betäubt stammelnd ihm Dank gesagt
    Und wär' eilend von dem Olymp,
50. In des werdenden Tags flüchtigsten Morgenstrahl
    Leicht und unsichtbar eingehüllt,
    Auf die Erde hin voll brennender Ungeduld,
    Klopstock. Deinem und Lalagens
    Auf mich wartendem Arm jugendlich zugeflohn.
55. Götter! beide besitz' ich izt,
    Beide lieben sie mich; aufgespannt horcht mein Geist
    Diesem hohen Gedanken zu.
    O beym Himmel! Ich will hingehn, ihn Tagelang
    Denken, Tagelang ihn allein.
60. Ach, wie lieben sie mich! Lies es in meinem Blick,
    Lies es in meiner Zufriedenheit:
    Klopstock, ganz wie er ist, ganz wie er fühlt, ist mein;
    Meine Lalage lächelt mir.
    O, wie zärtlich, wie süss lächelt sie zu mir hin;
65. Kein' Entzückungen ausser mir,
    Keine Wollust kennt sie, ausser mir ist in ihr
    Keinen Freuden sonst Raum mehr da.
    Der du beyde mir gabst, Zeus, ach verdient ich sie?
    Oder flichten sie dir um mich?

---

46. Elegie Dir nur 9 f. 'wenn anders zu meinen Thränen einst das Schicksal erweicht eine mir Geliebte mir giebt'. — 53 ff. vgl. Schmidt an Gleim 1, 159 'Wie glücklich bin ich! Solch Mädchen! Solch ein Freund!' — 56 f. darauf spielt Klopstock an Bodmer 28 XI 49 an: er freue sich den Schweizern entgegen 'und horche, wie Schmidt sagt, diesen hohen Gedanken zu'.

70. Kommt, geliebteste Zwey, legt euch an meine Brust,
    Sagt mirs, habt ihr um mich gefleht?

70. Schlussgruppe wie in der berühmtesten Fannyode 9 f.:
Klopstock, Schmidt und Fanny umschlungen. — 71. vgl. Ebert an
Gärtner 1746 Episteln und verm Gedichte S. 69 'Ja, Theuerster ich
wagt' es oft, Dich, eh' mein Auge Dich gesehen, mir vom Himmel zu
erflehen'.

3. AN EBERT.

Die Ode liegt in vier Fassungen vor:

1. Rings Copie des Originals, das Klopstock am 5. Nov. 1748 mit einem neuen Zusatz an Bodmer schickte: 'Sie werden in den letzten Stücken der Beyträge [4, 446 ff. Elegie = Die künftige Geliebte] eine Elegie finden, in der ich meine F. [Fanny] schon damals im Sinne hatte. Um die Zeit, nämlich beinahe vor einem Jahre, habe ich auch die inliegende Ode an Ebert gemacht bis auf die an Sie gerichteten Zeilen'. Die zeitliche Priorität vor dem zunächst zu verzeichnenden ersten Druck erhellt schon aus der frischeren Fassung sowol des Vergleiches 21 ff., als der Stelle über Hagedorn. Im übrigen stimmt O genau zu

2. S: Sammlung vermischter Schriften 1, 269—272 (4. Stück 1749; voraus geht S. 267 f. ein Abschiedsgedicht 'Elegie. An seinen Freund', es folgt der Nachruf Gisekes auf die Radikin S. 273—75 'Ode an die seelige R***'). Danach mit kleinen Abweichungen in D, der Darmstädter Ausgabe von 'Klopstocks Oden und Elegien' 1771. S. 76 ff. Ungenügende Collation bei Cramer 2, 17 ff.

3. Umgearbeitet B: Oden. Hamburg 1771. Bey Johann Joachim Christoph Bode. S. 99—102.

4. G: Klopstocks Werke. Erster Band. Oden. Erster Band. Leipzig. Bey Georg Joachim Göschen. 1798. S. 33—38.

Zur grösseren Übersichtlichkeit gebe ich nicht G mit dem kritischen Apparat, sondern links die erste Fassung O mit den Varianten SD, rechts B mit den Varianten G. Ich werde in diesem Falle auch die geringsten anmerken.

ODE

AN DEN HERRN EBERT.

1. Ebert,, mich scheucht ein trüber Gedanke vom blinkenden
Tief in die Melancholey!   [Weine
Ach vergebens redst du, vor dem gewaltiges Kelchglas,
Heitre Gedanken mir zu!
5. Ich muss weggehn, und weinen! Vielleicht, dass die
Meine Betrübniss verweint.   [lindernde Zähre
Lindernde Thränen, euch gab die Natur dem mensch-
Weis', als Gesellinnen. zu.   [lichen Elend
Wäret ihr nicht, und könnten die Menschen ihr Unglück
10. Ach wie ertrügen sies da!   [nicht weinen;
Ich muss weggehn, und weinen! Mein melancholischer
Bebt noch gewaltig in mir!   [Gedanke
Ebert, wenn sie einst alle dahin sind, wenn unsere Freunde
Alle der Erde Schooss deckt:
15. Und wir wären, zween Einsame, dann von allen noch übrig!
Ebert, verstummst du nicht hier?
Sieht dein Auge nicht bang, und starr, und seelenlos, um
Ach, so erstarb auch mein Blick!   [sich?
So erbebt ich, als mich von allen Gedanken der bängste
20. Donnernd das erstemal traf!
Ja, wie einen reisenden Jüngling. der seiner Geliebten
Und dem empfangenden Blick
Und dem klopfenden Herzen voll heiliger Zärtlichkeit
Wie du den, Donner, ergreifst,   [zuweint,
25. Tödtend ihn fassest, und seine Gebeine zu fallendem Staub
Dann triumphirend und hoch   [machst
Wieder den trüben Olympus durchwandelst: So trafst du,
Meinen erschütterten Geist,   [Gedanke,

Titel: S E**t. D An Herrn Ebert. 1749. 1. D Ebert! 2. D Me-
lancholei. 3. D red'st. 8. D Weis. 9. D Unglük. 14. D Schoos dekt.
15. D übrig,. 17. D seelenlos um. 18. D Blik. 20 ff. S
Ja, wie einen reisenden Mann, der, der Gattinn zueilend
Und dem gutartigen Sohn
Und der gefälligen Tochter, nach ihrer Umarmung schon hinweint,
ebenso D, nur 20 Gattin. 25 D Tödend.

AN EBERT.

1. Ebert, mich scheucht ein trüber Gedanke vom blinkenden
    Tief in die Melancholey!   [Weine
    Ach du redest umsonst, vor dem gewaltiges Kelchglas,
    Heitre Gedanken mir zu!
5. Weggehn muss ich, und weinen! vielleicht. dass die
    Meine Betrübniss verweint.   [lindernde Thräne
    Lindernde Thränen, euch gab die Natur dem mensch-
    Weis' als Gesellinnen zu.   [lichen Elend
    Würet ihr nicht, und könnten ihr Leiden die Menschen
10. Ach! wie ertrügen sie's da!   [nicht weinen,
    Weggehn muss ich, und weinen! Mein schwermuths-
    Bebt noch gewaltig in mir.   [voller Gedanke
    Ebert! ... sind sie nun ... alle dahin! deckt unsere
    Alle die heilige Gruft;   [Freunde
15. Und sind wir ... zween Einsame ... dann von allen noch
    Ebert! ... verstummst du nicht hier?   [übrig!..
    Sieht dein Auge nicht bang um sich her, nicht starr ohne
    So erstarb auch mein Blick!   [Seele?
    So erbebt' ich, als mich von allen Gedanken der bängste
20. Donnernd das erstemal traf!
    Wie du einen Wanderer, der, zu eilend der Gattin,
    Und dem gebildeten Sohn,
    Und der blühenden Tochter, nach ihrer Umarmung schon
    Du den, Donner, ereilst,   [hinweint,
25. Tödtend ihn fassest, und seine Gebeine zu fallendem
    Muchst, triumphirend alsdann   · [Staube
    Wieder die hohe Wolke durchwandelst; so traf der
    Meinen erschütterten Geist,   [Gedanke

---

3. *G* vordem. 6. Meinen Gram mir. 8. Weis' *(Schluss-s)*. 9.
könnte der Mensch sein Leiden nicht weinen;. 10. ertrüg' er es. 13 ff.
keine Punkte. 15. wir, zween Einsame, — dann. 17. Auge nicht trüb'.
21. zueilend. 25. ihm das Gebein.

Dass mein Auge sich dunkel verlohr. dass mein bebendes

30. Marklos und ohnmachtsvoll sank. [Knie mir
Um die Mitternachtszeit gieng das Bild vom Grabe der
Meine Seele vorbey. [Freunde
Um die Mitternachtszeit sah ich die Ewigkeit vor mir,
Und die unsterbliche Schaar.

35. Wenn des zärtlichen G*** Auge mir nun nicht mehr lüchelt!
Wenn, von der R*** fern.
Unser redlicher C** verwest! Wenn G**, wenn R**
Nicht mehr, wie Sokrates, spricht!
Wenn des edelmüthigen G** harmonisches Leben

40. Keinen Laut nicht mehr singt!
Wenn vom Grabmal empor der freye gesellige R**
Frankreichs Gesellschafter sucht!
Wenn uns O** verlässt, und dir, empfindende Sch**
Folgt, oder vor dir entflieht!

45. Wenn der erfindende Sch** aus einer längern Verbannung
Keinem Freunde mehr schreibt!
Ach wenn in meines geliebtesten Sch** Umarmung mein
Nicht mehr vor Zärtlichkeit weint! [Auge
Wenn, woraus er weissagt und trank, beym Becher der

50. Hagedorn lüchelnd entschläft! [Lieder
Wenn der, den ich nie sah, der dennoch ein redlicher
Und von der Vorsicht geführt, [Freund war,
Mit grossmüthigem Herzen mein Schicksal ändert' und
Wenn mein Bodmer auch stirbt [umschuf,

55. *Und nachweinend zum Haupte des Sohns sein denkendes*
Ebert' was sind wir alsdann, [Haupt legt . .
Wir verlassenen Beyde! Lässt uns ein trüberes Schicksal
Länger, als alle sie, hier?

---

35 ff. *D* G... u. s. w 36 *D* Wenn von. 38 *D* Sokrates spricht.
41 *D* freie. 42 *D* sucht,. 43 *D*. O. verläst und dir empfindende. 49 f.
S Wenn sich unser Vater entfernt, wenn Hagedorn todt ist: *ebenso D,*
nur tod. Wir müssen hier über O hinaus auf eine noch ältere Fassung
schliessen, wo Hagedorns nur in einem Hexameter oder in anderthalb
Distichen gedacht wurde und dann gleich V. 56 folgte. 51—54 fehlen
SD, sind von Bodmer an Zellweger mitgetheilt, aber Mörikofer S. 153 f.
hat in V. 55 *zwei Corruptelen:* noch weinend, senkendes *S* immer
E**t. 57 *D* verlassene Beide, Schiksal

Dass mein Auge sich dunkel verlor, und das bebende
30. Kraftlos zittert', und sank. [Knie mir
Ach, in schweigender Nacht, ging mir die Todtener-
Unsre Freunde, vorbey! [scheinung,
Ach in schweigender Nacht erblickt' ich die offenen Gräber,
Und der Unsterblichen Schaar!
35. Wenn nicht mehr des zärtlichen Giseken Auge mir lächelt!
Wenn, von der Radikinn fern,
Unser redlicher Cramer verwest! wenn Gärtner, wenn
Nicht sokratisch mehr spricht! [Rabner
Wenn in des edelmüthigen Gellert harmonischem Leben
40. Jede Saite verstummt!
Wenn, nun über dem Grabe, der freye gesellige Rothe
Freudegenossen sich wählt!

Wenn der erfindende Schlegel aus einer längern Ver-
Keinem Freunde mehr schreibt! [bannung
45. Wenn in meines geliebtesten Schmidts Umarmung mein
Nicht mehr Zärtlichkeit weint! [Auge
Wenn einschlummernd sich Hagedorn unser Vater entfernet;

Ebert, was sind wir alsdann,
Wir Geweihte des Schmerzes, die hier ein trüberes Schicksal
50. Länger, als Alle sie liess.

35 G mir *nach* wenn *gestellt*. 36 Radikin. 41 der Gruft. 47
Wenn sich unser Vater zur Ruh, sich Hagedorn hinlegt. 49 B Wie, G
Geweihten 50 liess?

Stirbt denn auch einer von uns, (Mich reisst mein banger
60.   Immer nachtvoller fort!)   [Gedanke
Stirbt denn auch einer von uns, und bleibt nur einer
Bin ich der einsame denn;   [noch übrig;
Hat mich alsdenn auch die schon geliebt, die künftig
Ruht auch ihr zartes Gebein;   [mich liebet,
65. Bin ich allein, allein auf der Welt, von allen noch übrig:
Wirst du da, ewiger Geist,
Wirst du, Seele zur Freundschaft erschaffen, die leeren
Sehen, und fühlend noch seyn?   [Tage
Oder wirst du betäubt für Nächte sie halten, und schlum-
70. Und gedankenlos ruhn?   [mern,
Aber wenn du bisweilen erwachtest, dein Elend zu fühlen,
Banger unsterblicher Geist!
Rufe, wenn du erwachst, das Bild vom Grabe der Freunde,
Das nur rufe zurück!
75. Einsame Gräber der Todten, ihr Gräber meiner Ent-
Warum liegt ihr zerstreut?   [schlafnen!
Warum lieget ihr nicht in blühenden Thälern beysammen?
Oder in Hainen vereint?
Sammelt euch, Gräber, um mich; ich will mit bebendem
80. Gehn, und auf jegliches Grab   [Fusse
Einen Cypressenbaum pflanzen, die noch nicht schattenden
Thränend um mich erziehn;   [Bäume
Oft in der Nacht auf biegsamen Wipfeln die himmlische
Meiner Unsterblichen sehn;   [Bildung
85. Zitternd mein Haupt gen Himmel erheben, und weinen,
Enkel, grabet mich dann,   [und sterben!
Neben meinen Entschlafenen ein! Dann nimm, o Verwesung,
Meine Thränen und mich!
Finstrer Gedanke, lass ab! lass ab, in die Seele zu donnern!
90. Wie die Ewigkeit, ernst!
Furchtbar, wie das Gericht! Lass ab! Die verstummende
Fasst dich, Gedanke, nicht mehr!   [Seele

---

59 *D* dann. 62 *D* Einsame dann. 75 *D* Todten, *OS* Entschlafenen. 79 *D* Fuse. 89 *D* Finstrer Gedanke, lass ab, in die Seele zu
donnern!

Stirbt denn auch einer von uns, mich reisst mein banger
Immer nächtlicher fort!   [Gedanke
Stirbt dann auch einer von uns, und bleibt nur Einer
Bin der Eine dann ich;   [noch übrig;
55. Hat mich dann auch die schon geliebt, die künftig mich
Ruft auch Sie in der Gruft;   [liebet,
Bin dann ich der Einsame, bin allein auf der Erde:
Wirst du, ewiger Geist,
Seele zur Freundschaft erschaffen, du dann die leeren Tage
60. Sehn, und fühlend noch seyn?
Oder wirst du betäubt für Nächte sie halten, und schlum-
Und gedankenlos ruhn?   [mern
Aber wenn du bisweilen erwachtest zu fühlen dein Elend,
Banger, unsterblicher Geist?
65. Rufe. wenn du erwachst, das Bild vom Grabe der Freunde,
Das nur rufe zurück!
O ihr Gräber der Todten! ihr Gräber meiner Entschlafnen!
Warum liegt ihr zerstreut?   -
Warum liegt ihr nicht in blühenden Thalen beysammen?
70. Oder in Hainen vereint?
Leitet den sterbenden Greis! Ich will mit bebendem Fusse
Gehn, auf jegliches Grab
Eine Cypresse pflanzen. die noch nicht schattenden Bäume
Für die Enkel erziehn,
75. Oft in der Nacht auf biegsamen Wipfeln die himmlische
Meiner Unsterblichen sehn,   [Bildung
Zitternd mein Haupt gen Himmel erheben. und weinen,
Grabet den Todten dann ein   [und sterben!
Bey dem Grabe. bey dem er starb! Nimm dann, o Ver-
80. Meine Thränen, und mich! . . . .   [wesung!
Finstrer Gedanke, lass ab! lass ab in die Seele zu donnern!
Wie die Ewigkeit ernst,
Furchtbar, wie das Gericht, lass ab! die verstummende
Fasst dich, Gedanke, nicht mehr!   [Seele

51 dann. *Klammern vor* mich *und nach* fort. 53 *zweimal* Einer.
56 sie. 61 Zu Nächten sie wähnen und schlummern,. 63 Aber du
könntest ja auch erwachen, dein Elend zu fühlen,. 64 Leidender, ewiger.
65 von dem. 67 ihr. 69 lieget. 71 wankendem. 73 Zypresse. 75 *BG*
Wipfel (*lies* biegsamem *oder* Wipfeln?). 75 himlische. 77 gen Himmel
erheben mein Haupt. 78 Senket. 79 nim. 80 *keine Punkte.*

SKIZZE EINES COMMENTARES.

Entstehung. Die Ode an Ebert ist nach Klopstocks
eigener Angabe ungefähr gleichzeitig mit der Elegie Die
unbekannte Geliebte gedichtet: Anfang 1748, was er im
November sehr wol ungefähr vor einem Jahre nennen kann.
B setzt die Elegie 1747, die Ode 1748 an; ebenso Cramer;
G dagegen verlegt beide in das Jahr 1748 und stellt sie
nebeneinander. Falsch D 1749.

Anlass. 'An die Freunde' verherrlicht die Vereinigung,
die Ode an Giseke beklagt die Trennung von einem der
liebsten Genossen. Schon hier treibt das äussere Motiv
innerlich weiter zur Vorstellung gänzlicher Vereinsamung,
'denn so werden sie alle dahingehn', und schon hier führt der
Gedanke zeitlicher örtlicher Trennung den an den ewig
trennenden Tod herauf.

Mit der ihm eigenen Ueberschwänglichkeit verfolgt
Klopstock dieses potenzierte Motiv in unserer Ode. Er liebt
es eine unendliche Perspective in Zukunft und Jenseits zu
eröffnen. Nicht dass er solche verschwimmende Ideen völlig
aus der Luft griffe, aber sie stützen sich auf einen Unterbau
von Constructionen. Der aesthetisierende Leser, welcher den
Wingolf oder gar die Ebert gewidmete Todtenschau etwa
gegen Goethes voll und greifbar aus der Gelegenheit ge-
wachsenes 'Ilmenau' hält, wird leicht die Achsel zucken. Um
manche Leistungen der älteren Lyrik gerecht zu würdigen,
bedarf es stets des historischen Urtheils. Klopstocks 'tibul-
lisches Lied' muss als erhabene Vernichtung der elenden
früheren Epithalamien gefasst werden und man wird bei allen
Mängeln staunen, wie hier bestimmte Momente eines hoch-
zeitlichen Festes verklärend beleuchtet werden. Niemand
wird sich einer ähnlichen, nur sehr gesteigerten Bewunderung
dem 'Zürcher See' gegenüber entziehen. Es war Klopstocks·
grosse Aufgabe der Dichtung einen neuen mächtigen Gefühls-
inhalt, der Dichtersprache ein neues mächtiges Pathos zu
geben. Unvermeidlich, dass er sich oft überstürzte, das Pathos allzu laut anschwellen, die Empfindung vom nährenden
Boden des Thatsächlichen empor in die Lüfte entfliegen liess.
Und ist Höltys Liebeslyrik darum blosse Construction, weil er

die Freuden der Liebe nie gekostet, sondern sein sehnendes
Auge nur an den Schattengestalten 'unbekannter Geliebten'
gesättigt hat? Construction ist vorhanden, aber nie aus-
schliesslich herrschend. In Klopstocks 'künftiger Geliebten'
z. B., der erweiterten elegischen Ausführung des vierten
Wingolfliedes, liegen neben ins Blaue schwärmenden Phan-
tasien und mühsamen Reflexionen unläugbar bereits reale
Beziehungen auf Marie Sophie Schmidt vor: weil der Vater
todt ist, besingt er hier wie in 'An die Freunde' nur die
Mutter. Die Fragen nach dem Aufenthalt und dem Namen
mit ihrer litterarischen Weisheit sind nur ein Versteckspiel.
Gewiss ist es ziemlich unnatürlich, wenn ein Jüngling in der
Blüthe der Jahre sich und seine Lieben im Grabe denkt
oder als Waller ins Jenseits am Tage der Auferstehung, aber
mir wird diese Steigerung, ja ich will mit dem Klopstock-
hasser Danzel sagen, dieses Hinaufschrauben der Empfindung
erklärlich, wenn ich die religiösen Eindrücke des Dichters,
seine Arbeit an den seraphischen und den apokalyptischen
Partien des Messias, sowie die Einwirkung der stets auf
Grab und himmlisches Leben hinweisenden Youngschen Nächte
oder des Roweschen Todtencultus herbeiziehe. Vgl. noch
Cramer 5, 324.

Disposition: Klopstock vertheilt nicht nur mit grossem
Bedacht die Satztheile auf die Verstheile, sondern gliedert
ebenso bewusst das Ganze der Rede. Dem Brauche alter
Elegiker folgend bedient er sich nicht selten der Responsion.
Uebertrieben tritt solcher Parallelismus besonders in 'Selmar
und Selma' auf. Die Elegie Die unbekannte Geliebte zeigt
eine leise Berührung mit dem Schema der Chrie.

Hier bilden die ersten zwölf Verse den Eingang,
eine allgemeiner gehaltene Ankündigung seiner schwer-
müthigen, in Thränen zerfliessenden Stimmung. Wir theilen
1—4, 5—12; 1 und 4 correspondieren durch 'trüber Gedanke' und 'heitre Gedanken'. beide weiter durch 'schwer-
muthsvoller Gedanke' 11 mit dem letzten Verspaar, das seiner-
seits die erste Hexameterhälfte mit dem ersten Vers (5)
der zweiten Hälfte der Propositio gemein hat.

Erster Theil 13—30. Der Anfang weist durch den

Anruf 'Ebert' auf v. 1 zurück. Er gibt die nähere Bestimmung
der Trauer zusammengefasst: alle Freunde sind todt, sie
beide allein noch übrig. Dann bildet ein ausgeführter Vergleich den Kern.

Zweiter Theil: die Ausführung im einzelnen. a) jeder
einzelne Freund wird beklagt. Wieder Responsion: 'Ebert,
was sind wir alsdann' ff. *O* lässt eine weitere Theilung nach
Massgabe von An die Freunde zu α) die Leipziger Freunde
β) die ihm nicht persönlich bekannten Freunde: Hagedorn,
Bodmer. b) 51 – 54 (Zahlen von *BG*) auch Ebert, der letzte
Freund stirbt. Responsion der Steigerung, denn 'mich reisst
mein banger Gedanke': 1 'mich scheucht ein trüber Gedanke'.
c) 55 ff. auch die Geliebte ist todt, völlige Einsamkeit (Responsion 57 : 54 mit Steigerung im zweiten Glied). Weiter
allgemeinere Schilderung bis zum Verspaar 63 f., das (Responsion 63 'wenn du erwachtest' : 65 'wenn du erwachst')
die Brücke bildet zum

Dritten Theil 65 ff.: einsamer Grübercultus des Zurück-
gebliebenen, schmückende Bepflanzung der leider zerstreuten
Ruhestätten, Tod daselbst. 65 'Gräber der Todten' u. s. w.
correspondiert mit den Eingangsversen des zweiten Theils
('Todtenerscheinung' *OS* 'das Bild vom Grabe der Freunde',
'die offenen Gräber') und des ersten: 'alle dahin', 'die heilige
Gruft'. Ebenso lässt sich leicht der Parallelismus von 2b,
c und 12 ff. entwickeln.

Schluss 81 ff.: er bricht ab, der Furchtbarkeit des Ge-
dankens erliegend. Dasselbe 'Verstummen' wie bei der ersten
Zusammenfassung der tödtlichen Vorstellungen v. 16. Schluss
und Eingang sind wiederum durch das im ganzen Verlaufe
mehrfach so stark betonte Wort verbunden, 81 'finstrer Gedanke', 84 'Gedanke': 1 und 4. Und der donnernde Gedanke
erinnert an den Schluss des ersten Theils.

Einzelnes: 1. Ebert erscheint hier als Führer der Jugend-
genossen wie in der Ode An die Freunde, zu welchem
dithyrambisch-dionysischen Ergusse diese Nänie das elegische
Gegenstück bildet. Dort ein festliches Symposion in einer
griechischen Tempelhalle, Geselligkeit hohen Stiles, ein stetes
Zuströmen, hoffender Ausblick nach der Geliebten und fernen

Freunden, — hier Einsamkeit. immer neue Todeskunde, Wanderung zu Gräbern. Dort Weinfröhlichkeit, hier Gleich-giltigkeit gegen das 'Kelchglas', das an das bakchische Prie-sterthum Eberts (Ebert als Zecher vgl. J. A. Schlegel 1, 283, Cronegk 'An Gärtner') in jener Ode erinnert. Alle Motive werden ins Elegische gewandt, gleichwie dort Homer und Milton mit frohem Pathos als gleich lieb zusammen genannt, in der wehmüthigen[1] Ode an Giseke aber als schmerzlich getrennt beklagt werden. Die Verse an Giseke haben mit unsern den thränenseligen Eingang gemein. 8. Die lindernden Thränen sind Gesellinnen des mensch-lichen Elends, vgl. Petrarka und Laura 19 f. 'mein Gespiele sonst, mein geselliger sanfter Schlaf' (24 die Nachtigall 'seiner Thränen Gesellin', 1798 'Genossin', An die Freunde II 6, 4 'deiner Gespielin der Liebe' (Giseke S. 180 'die Liebe, Gärtners Gespielinn'), Zürcher See 8 'Freude . . . Schwester der Mensch-lichkeit, deiner Unschuld Gespielin', Messias II 'unsterbliche Ruhe, meine Gespielin im Thale des Friedens'. Anders Die todte Clarissa 1, 4, Rothschilds Gräber 57. 21 ff. s. u. Varianten. Homerischer Vergleich mit aus-drücklichem mehrfachen 'so' und 'wie' und berechneten Re-sponsionen. Aehnliches in der Ode an Giseke. Zu 18 ff. vgl. Hölty An Miller 1, 1 ff. (Halm S. 91) 'Miller, denk ich des Tags, welcher uns scheiden wird, Fasst der Donnerge-danke mich, Dann bewölkt sich mein Blick'. 25. Vgl. Ode an Daphnen 1, 1 f. 'wenn mein Gebein zu Staub lange zer-streut ist'. 31. Youngstimmung. Die 'Mitternachtzeit' spielt in Klop-stocks und seiner Freunde Jugendpoesie demgemäss eine grosse Rolle. Elegie Die unbek. Geliebte 21 ff. 'Durch die Mitternacht hin klagt mein sanftthränendes Auge . . . . Oft um Mitternacht hin streckt sich mein zitternder Arm aus', Salem 41 f. 'den thränenden Blick nicht der wachenden

---

[1] Spielen die Verse 7 ff. 'Also trennet der Tod gewählte Gatten' darauf an, dass Giseke früh den Vater, später auch die Mutter verloren hatte und des ersteren Grabmal nicht kannte? Vgl. Giseke Poet. Werke S. 171 'Fern, ach ferne von mir, liegt er, und auch fern von der Gat-tinn, und ich weis nicht sein Grab'.

Augen, durch die mitternächtlichen Stunden', An Fanny Cr.
2, 30 'von den traurigen trostlos durchwachten Mitternächten';
an Schlegel 8 X 48 'meine mitternächtlichen Thränen', an
Gleim 17 IV 50 'einige meiner mitternächtlichen Zeilen'
(Oden). An Young 2, 2 f. 'die geheiligten, ernsten, festlichen
Nächte'. — 'vorbeigehn' sowol mit dem Accusativ, als dem
Dativ (Petrarka und Laura 21).
35 ff. Hier ist die Ordnung folgende: Giseke, Cramer
(Radikin), Gärtner, Rabener, Gellert, Rothe, (Olde), Schlegel.
Schmidt; Hagedorn. (Bodmer); Fanny — An die Freunde:
Cramer (Radikin). Giseke, Rabener, Gellert. (Olde), Kühnert,
Schmidt, Rothe; Fanny; Gärtner, Hagedorn, Schlegel. Der
'zärtliche' Giseke — 'dein Auge voll Zärtlichkeit'. Dort er-
scheint Cramer der älteren Radikin beraubt, hier stirbt er
vor der jüngeren, seiner zweiten Geliebten. Rabener (hier
mit Gärtner, dem Parteiführer und Mentor) erscheint beide
Male als der Lehrer, Gellert als der edle, süsse oder har-
monische Dichter; 'der freye gesellige Rothe' : 'der sich freyer
Weisheit und der geselligen Freundschaft heiligt'; 'der erfindende Schlegel' wird dort als schöpferischer Geist gefeiert;
Schmidt beide Male als der geliebte Jugendgenosse.
Die Verse auf Olde und seine Geliebte OS sind später
entfallen. Klopstock hatte nämlich inzwischen im Wingolf
VI 7 f. dem am 22 IV 59 abgeschiedenen Freunde als
feurigem Kritiker ein Denkmal gesetzt, während in An die
Freunde von ihm so wenig, als von Kühnert hier die Rede
ist. — Hagedorn, der verehrte 'Vater' der jungen Dichter, wird
als 'Muster' in dem schönen sechsten Wingolflied gefeiert und
mit Verehrung in der Ode an Giseke genannt. Ihm hatten
die Beiträger ihre Lebensanschauung nachgebildet, seine Verse
der Zeitschrift 'Jüngling' zum Motto gegeben: 'Unsre Wissenschaft ist Freude Und unsre Kunst Gefälligkeit'. Die Bremer
Beiträge bringen 3, 481 ff. ein langes Gedicht Gisekes 'Schreiben an den Herrn von Hagedorn über den Einfluss des
Geschmacks in das menschliche Leben'. Vgl. auch Eberts
Episteln und verm. Gedichte S. 103 ff. Giseke feiert den
'Edlen unsrer Zeiten' (Vorr. XX). Die Verse auf Bodmer,
ein Einschiebsel, wurden der Entfremdung wegen gestrichen.

Die Ode an Bodmer schien vollauf zu genügen. Unsere ungleich wärmeren, empfundeneren Verse mit der ergreifenden Hindeutung auf den früh gestorbenen Sohn (vgl. Bodmer an Zellweger 29 VII 50 Zehnder S. 342 f.) hatten Bodmer tief gerührt; er berichtet gegen Schluss des Jahres 1748 an Zellweger (Mörikofer S. 153) über Klopstock: 'Er muss von einem melancholischem Temperamente sein, so melancholich, so traurig schreibt er. Er hat an einen Freund eine Ode geschrieben, in welcher er sich vorstellt, dass er alle seine Freunde und seine Geliebte selbst überlebet hätte: es kann kein Zustand trauriger vorgestellt werden. In dieser Ode sind etliche Zeilen für mich, die ich nicht für die Souverainität im Lande Appenzell geben wollte'. 'Den ich nie sah' vgl. An Bodmer 15 u. 19 'Auch dich werd ich nicht sehn'.

38. 'sokratisch' ('wie Sokrates'). Sokrates als Idehl der Weisheit und Lebensführung, vgl. Wingolf VI 8 'in unsokratischem Jahrhundert' (A. d. F. 'in unsokratschen Zeiten'). An Bodmer 2. Fassung 11 'Sokrates-Addison', Zürchersee 11, 3 'im sokratischen Becher', An Gleim 1, 4 'dass der Liebling der Freude nur mit Sokrates Freunden lacht'; 'sokratisch lächeln' (Ebert S. 112). Auch im Messias wird er andächtig erwähnt (VII Traum der Portia). S. v. S. 2, 180 f.

39 f. vgl. Wingolf VI 8, 2, Ode an Daphnen 7, 4 'in ewigen Harmonien'.

53 ff. Klopstock wechselt mit diesen Todesgedanken. Hier ist er allein der Ueberlebende, während er (An Bodmer 16) sich, den Jüngling, lange vor Vater Bodmer sterbend vorstellt. Ebenso im Verhältnis zu der, 'die künftig mich liebet' (vgl. An die Freunde IV 2. 1, Elegie D. k. G. 11 u. 13). In Daphnis und Daphne (Selmar und Selma) ein edler Wettstreit, wer nach dem andern sterben soll, bis sie sich endlich zum Gebet um einen gleichzeitigen Tod vereinigen (vgl. Klopstock an Meta 19 VII 52, und die Ode Das Bündniss 1789). In der Ode an Daphne scheint der Liebende zuerst zu sterben; dieses Motiv wird breit ausgeführt: An Fanny Cr. 2, 291 ff. (4, 1 'dann werd' ich vor dir lange gestorben sein' u. s. w. 'ich sterbe', 'wenn ich todt bin', wunderlich genug 31, 1 f. 'ich sprach's .... und starb', 32 'Wenn

ich so vor dir werde gestorben seyn, O meine Schmidtin!
und du auch sterben willst Wie wirst du deines todten Freundes Dich in der richtenden Stund' erinnern?'). Dagegen
rührte er im Herbst 1748 Fanny durch eine Partie aus dem
Messias (Lappenberg S. 13); dort 'stirbt eine theure Geliebte
an der Brust des zärtlichen Jünglings'. Wol im Gedanken
an die 'seelige Radikinn' fügt er dann in demselben Briefe
hinzu: 'Das muss ein furchtbarer Schmerz sein, wem seine
Geliebte stirbt'. Im Gegensatze zu all diesen Empfindsam-
keiten hat Klopstock später (Messias XV) den Tod der Cidli
und ihr letztes rührendes Zwiegespräch mit Gedor ganz auf
erlebter Grundlage geschildert; es ist ein spätes Thränenopfer
für die todte Meta und stimmt bis ins kleinste, oft wörtlich,
zu seinem Bericht über die letzten Stunden der Gattin (Hinter-
lassne' Schriften von Margareta Klopstock S. XLII ff.) —
Vgl. noch Tibull III 2. S. v. S. 2, 305.

Im letzten Theile erinnern die wiederholten [1] Apostrophen
'ewiger Geist' 'unsterblicher Geist' 'Seele' an den Aufruf 'unsterbliche Seele' Messias 1, 1; die zerstreuten Gräber an die
Klagen An Giseke 7 ff.; der Gräbercultus an die herrliche
Elegie Rothschilds Gräber. Die Verse 75 f. leiden an Un-
klarheit. 73 'Cypresse' ('Cypressenbaum'), vgl. An Giseke
12 f. 'Und der Cypresse verweht ihre Klag' am Grabe des
Einen' ('Und kein Cypressenbaum rauscht von dem Grabe
des einen zum Grabe des andern hinüber'), An Fanny 11, 2
'die Stunde, die uns nach der Cypresse ruft', Die todte Clarissa 8, 1 'Sammle Cypressen, dass des Trauerlaubes Kränz'
ich winde'. (Giseke S. 197 'die Cypresse, der Bote des Grabs',
Horaz Carm. II 14, 23 *invisas cupressos*. Von dem Tode der
Radikin bis zu Cramers Hochzeit hieng Schlegels 'verwaiste
Leyer' 'an dem Cypressenast müssig' S. v. S. 2, 484). -- Die
'Enkel' ruft der weitausschauende junge Klopstock gern an,
z. B. Petrarka und Laura 86 'Enkel und Enkelinn' 87 und

---

[1] Der Apostrophen sind entschieden gar zu viele in der Ode: Ebert,
Kelchglas, Thränen, Ebert, Donner, Ebert, Geist, Seele, Geist, Gräber,
Enkel, Verwesung, Gedanke. Auch die Anapher ist sehr häufig ange-
wendet. Die Construction der Vorstellungen verräth sich in den zahlreichen Condicionalsätzen (vgl. Ode an Daphnen).

95, An Gott 32, 3 f., Unberufen zum Scherz 11, 2 'bey unserem Grab, Enkel und Enkelinn'. gar Zürchersee 14, 1 f. 'bey der Urenkelinn Sohn und Tochter' (Giseke S. 97 'der Enkel Enkel'). —77 'gen Himmel erheben mein Haupt' feierlich im Messias 1. 135 'ich hebe gen Himmel mein Haupt auf'. Sehr wirkungsvoll ist hier das schliessliche Abbrechen, vgl. Messias XV a. a. O. 'doch mir sinket die Hand die Geschichte der Wehmuth zu enden', VII 'doch mir sinket die Hand die Harf' herab'. Friedrich der Fünfte, an B. und M. 21 'Ernste Muse, verlass den wehmuthsvollen Gedanken'; Schluss der Elegie D. k. G.

Zu den erwähnten Oden, welche sich mit dem Gedanken an Tod und [1] Jenseits beschäftigen, treten mehrere Nänien: Die Königin Luise, An Young ('noch bei Lebzeiten D. Youngs geschrieben'!), Die todte Clarissa, Die Sommernacht u. s. w. Enger mit unserer Ode zu verbinden sind die 1751 entstandenen Strophen Weihtrunk an die todten Freunde, Die frühen Gräber, und aus dem Jahre 1795 Die Erinnerung. An Ebert nach seinem Tode, Str. 3:

Auch mich reisst die Erinnerung fort, ich kann nicht widerstehn!
Muss hinschauen nach Grabstäten, muss bluten lassen
Die tiefe Wund', aussprechen der Wehmuth Wort:
Todte Freunde, seyd gegrüsst!

Von Ebert selbst ist aus dem Gedicht an C. A. Schmid (S. 104 f.) heranzuziehen, wie er 'mancher Freunde Tod beklagt':

Wie bald musst' ich nicht dich schon missen,
Mein Giseke! — Wie früh seyd ihr,
Mein Gellert, und mein Rab'ner, mir,

---

[1] Eine Lieblingsvorstellung Klopstocks ist, dass die abgeschiedene Seele oder der Schutzgeist des Todten Genius eines überlebenden theuern Menschen wird u. dgl.: An die Freunde II 9 'Dann soll mein Schutzgeist .... dein Schutzgeist werden', An Bodmer 19 f. 'Auch dich werd ich nicht sehn .... werd ich einst nicht dein Genius', Die Königinn Luise 20, 4 'ich will sanft um dich schweben, mit dir, sein Schutzgeist seyn', An Young 4, 4 'Stirb, und werde mein Genius'; Klopstocks letztes Gespräch mit Meta: Gedor Messias XV 'Sey mein Engel, lässt Gott dir es zu'. Cramer in einer zu manchen Vergleichen mit der Ebertode auffordernden Klage über den Tod seiner Braut S. v. S. 1, 445 ff. (Schluss: Gräbercultus der Enkel) 'wenn sie mein Genius ist'.

Mir und der Welt zu früh entrissen!.....
..... Ich fand mit Thränen
Statt unsrer Freunde nur — ihr Grab!

An Cramer S. 320 f.:

Auch ich werd' einst mit Jauchzen, Danken, Loben,
Samt Dir, mein Cramer, auferstehn.

1773 noch dankt er in der Ode An Herrn Klopstock (S. 117)
für Klopstocks Loblieder. 1781 hält J. A. Schlegel eine
Heerschau über die alten Dichtgenossen Rabener, Gärtner,
Cramer, Klopstock, Giseke, Schmid, Ebert, Gellert (Die
Freundschaft 2, 372 ff.)

Form. Das Metrum ist das von *Diffugere nives* Horaz
Carm. IV 7, einer Ode, welche ebenfalls, besonders von der
vierten Strophe an, den Gedanken des Todes verfolgt. Klopstock hat die strophische Eintheilung aufgegeben. Allerdings
lässt sich die Verszahl 28 der Ode an Giseke, die Zahl von
O 92, *BG* 84, auch der 'Verwandlung' als 66 = 64 + 2
mit Annahme einer halben Strophe zum Abschluss, durch 4
theilen, aber da wir v. 50—55 für die allererste Fassung der
Ebertode in Abzug bringen müssen, bleiben für diese 86 Verse
und die Drucke geben wie bei den Elegien von Anfang an
fortlaufende Zeilen.

Die Entwicklung der Form zeigt folgende Verände-
rungen:

1. Hexameter. Besserung schwerer Dactylen. a) durch
Dactylen 3, 13, 29. 31, 35 b) durch Spondäus 45. Weitere
Spondäen für Dactylen: zur Erhöhung der Feierlichkeit 15,
55, 57, 67, 69. 73 'Cypresse' $\smile - \smile$ für 'Cypressenbaum',
weil in demselben Vers 'Bäume' folgt. 59 Spondiacus *OS*
$- \smile \smile - - - \smile$, *BG* noch getragener $- - - - - \smile$. Verlegung des
Spondäus *G* 77. *G* nähert sich wieder der Fassung *O* der
Caesur wegen 47; vgl. auch 35. Der Schluss von zwei ein-
silbigen Wörtern 'Staub machst' 25 wird getilgt.

2. Der kleinere archilochische Vers. Leichtere Dactylen für schwere 14, 22, 42. 52. *G* flüssiger 64. — Von
Haus aus[1] Neigung zu Spondäen (Trochäen) im ersten Fuss.

---

[1] Giseke Klagen an Herrn Cr** 1749 Poet. Werke S. 169 ff. immer,
ebenso S. 235 ff., aber S. 239 f. durchweg Dactylen. Horaz hat immer
den Dactylus.

Diese Sucht nimmt immer mehr zu: *BG* zeigen den Dactylus
aus dem ersten Fuss durch Streichungen und Aenderungen
verbannt in 6. 18. 24, 30. 38, 40, 46, 54. 58, 60, 72; nur 78
bildet eine Ausnahme. Vgl. die 2. Fassung der Ode an Giseke
2, 16, 22, 26. Wir haben es hier mit einem halben Penta-
meter zu thun. Entsprechend nehmen die ersten Pentameter-
hälften der Elegien gern und in späteren Fassungen noch lieber
die Form $- \stackrel{\backsim}{-} - \smallsmile \smallsmile -$ an, ja sie werden zu der Nebenform
$- \smallsmile - \smallsmile - \smallsmile$. der trochaischen Tripodie, umgeformt. Am auf-
fallendsten in der Elegie Der du zum Tiefsinn 6 'Als er in
den Armen'. 8 'Als sie in dem Umgang', 18 'Lächelnd in
Tibullens'. Wie leicht hätte er metrisch correct schreiben
können: 'als in den Armen er', 'lächelnd in des Tibull'. 22
'Höret mich an diesem'. 28 'Ausgedrückt auf einen', (30 'Mit
ihrer ganzen'), 38 'Da sie sanft erröthend', 62 'Brachte sie
der Nachwelt', 64 'Hat sie doch den Nachruhm', 66 'Ihrem
vor Entzückung', 68 'Unvermerkt ihr Sylphe', 70 'Flog er
um ihr Haupthaar', 76 'Rauschte mit den Flügeln', 80 'Fliessen
aus dem goldnen'. Daphnis und Daphne (auch Rothschilds
Gräber) gibt kein Beispiel, dagegen Die künftige Geliebte:
8 'Gabst du zur Empfindung'. 10 'Ewiges Verlangen', 52 'Die
du unaussprechlich'; Lappenberg S. 20 'Königen und Weisen'
besser mit versetzter Betonung zu lesen, die auch für die
drei vorausgehenden Stellen allenfalls annehmbar ist, aber
nicht für die grosse Mehrzahl der Fälle in der tibullischen
Elegie.

Die Wortstellung zeigt folgende Varianten: poetischer
9, Inversion 5, 11, Hervorhebung des entscheidenden Wortes
54 'bin der Eine dann ich'. Inversion statt Partikel 13 ff.;
G kehrt im Gegensatz zu der künstlichen Fügung in *B*
zurück zu *O* 9, 63; *G* erst findet die künstlerische Vollendung
77 'Zitternd gen Himmel erheben mein Haupt'.

Andere Varianten, welche fast sämmtlich poetischere
Ausdrucksweise erzielen. Eine Ausnahme scheint 5 'Thräne'
für 'Zähre', aber so ändert Klopstock — war ihm 'Zähre'
vielleicht zu affectiert? — auch An Giseke 21; das Wort
blieb Der Lehrling der Griechen 38 f., in dem brieflichen
Citat (Lappenberg S. 3) steht es für das 'Thränen' des Drucks

Petrarka und Laura 24. — 11 'melancholisch' in 'schwermuthsvoll' verwandelt zur Tilgung der Synkope 'melanchol-
scher' und vielleicht um das Fremdwort zu umgehen. Gestrichen auch An Fanny (Ode an Daphnen) 11. 1. Dagegen
Petrarka und Laura 3 'mein melancholisches müdes Auge',
27 'dein melancholisch Ach', brieflich 19 IV 50 Lappenberg
S. 19 und 20 ('einige. vielleicht zu melancholische Oden').
— 'Thalen' für "Thälern' 69. *G* 9 'der Mensch' das poetische
Collectivum für den Plural. *G* 41 'Gruft'. das in *BG* noch
14 und 56 eingeführt ist. *G* 61 'wähnen zu' statt 'halten
für'. *G* 78 'Senket ein' für 'Grabet ein'. 31 ff. 'in schweigender Nacht' mit dem Zusatz eines bangen 'Ach' statt der
nüchterneren Angabe 'Um die Mitternachtszeit'. 40 wird das
prosaische und durch die doppelte Negation störende 'keinen
Laut nicht mehr singt' sehr glücklich geändert. 49 'wir verlassenen beyde' zu 'wir Geweihte des Schmerzes' verklärt.
Der Ausdruck ist innerlicher, weihevoller geworden. 17 steht
statt der gewöhnlichen Verbindung ''starr und seelenlos' der
poetische Latinismus 'starr ohne Seele, sowie die Variante
G 71 'mit wankendem Fusse' statt 'bebendem' an das lateinische
labantia genua erinnert. — Klarer 71, *G* 63, bezeichnender
G 17 'trüb' vom Auge statt 'bang'. — Anapher, andere Wieder-
holung und Aufnahme des Satzes wird vermieden 24, 29. 57
anders (und neuer Chiasmus mit 54). 59; übermässige Apostrophe weggeschafft 27.

Andere Aenderungen entspringen der Vorsicht des
Dichters, nicht durch allzu weltliche Wendungen anzustossen
oder sonst Elemente, welche dem hohen Fluge der reinen
Ode widerstreben. aufzunehmen. So wird 42 nicht mehr der
Hinneigung Rothes zu den teutschfeindlichen Galliern, sondern
seiner schönen geselligen Gaben gedacht, was auch besser
zum Ganzen passt, als die litterarische Anspielung. — *O* feiert
Hagedorns Tod am freiesten und schönsten als den Tod eines
anakreontisch-horazischen Sängers; *S* hat zwei prosaische Wendungen 'sich entfernt' und 'todt ist'; *B* vermeidet die zweite,

---

[1] Schlegel Klagen eines Bruders bey dem Tode J. E. Schlegels
S. v. S. 1, 473 'Starr, geistlos tauml' ich hin'.

fügt das poetische 'einschlummernd' hinzu, gibt aber metrisch
Anstoss; *G* ersetzt endlich das nicht widerspruchslose 'sich
einschlummernd entfernt' durch das einheitliche 'sich zur Ruh
hinlegt', doch stört das doppelte 'sich'. Kurz es sind lauter
Schlimmbesserungen. — Dasselbe gilt von dem Vergleich 21 ff.
Die erste Fassung ist die weltlichste und jugendlichste; sie
entlehnt, freilich zu seraphisch im Ausdruck, das Bild der
Liebe, der Sehnsucht eines Jünglings nach der Umarmung
des Mädchens. Von *S* an ist der heimwärts eilende Gatte an
die Stelle getreten. *B* streicht das unnöthig bekräftigende
'Ja', macht den 'reisenden Mann' (griechisch, homerisch) gut
zum 'Wanderer' und ersetzt die matten Beiwörter 'gutartig'
und 'gefällig' durch 'gebildet' und 'blühend', wodurch die gei-
stige Reife des Sohnes, die leibliche Schönheit der Tochter
betont wird. 24 f. *OS* der Donner 'ergreift' den Wanderer
und 'fasst ihn tödtend', zu tautologisch, 'tödtend ergreift'-würde
dasselbe sagen, deshalb wird vortrefflich geändert 'ereilst,
tödtend ihn fassest'. — Der 'Olympus' 27 ist natürlich auch
verschwunden.

4. CHARACTERISTIK DER BREMER BEITRÄGER IM 'JÜNGLING'.

Die 'Geschichte des deutschen Journalismus' von Prutz ist leider ein Bruchstück geblieben und noch immer harrt die Epoche, welche so zahlreiche Nachahmungen der englischen Wochenschriften Addisons und Steeles auftauchen sah, noch immer harrt somit auch die Journalistik der Bremer Beiträger eines tüchtigen Darstellers. Die 'Neuen Beiträge' selbst zeigen die erst halbweg flügge und Gottschedsche Eierschalen tragende Partei, unter deren Leistungen Klopstocks Anfänge wie Fremdlinge oder Eindringlinge dastehen, während die spätere 'Sammlung vermischter Schriften' schon auf höherer Spur einhergeht. Geringe Beachtung hat bisher der von Cramer, Ebert und Giseke redigierte und wesentlich von ihnen verfasste 'Jüngling' gefunden. Der Spectator und Hagedorn·sind seine Pathen.

'Der Jüngling'. 'Unsre Wissenschaft ist Freude, und unsre Kunst Gefälligkeit'. [Vignette: auf der Basis der Statue steht *Laetitia*, darunter *Angeloni*]. Erster Band. Leipzig, bey Johann Wendler. 1747'. VI und 312. Der Titel des 2. Bandes fügt unter dem Motto die Angabe 'Hagedorn' bei, 'Zweyter Band', '1748'. 'VI und 256, von S. 115 an ist durch ein Versehen bis zum Schlusse falsch paginiert 215— 356. 72 durchgezählte Stücke zu acht Seiten, mehrfach Petitdruck und compress. Die Stücke sind sämmtlich datiert: 'Leipzig, Mittwochs den 4 Jenner 1747' bis 'Leipzig, Mittwochs den 8 May 1748'.

Genügsame Zeit, die ihre geduldigen Mussestunden mit
der Lectüre dieser anmuthig inhaltslosen Blätter ausfüllte
und für diese Wochenschrift gern von der Bühne herab in
einem Gellertschen Lustspiele Reclame gemacht sah. Besonders war auf das 'schöne Geschlecht' gerechnet, wie schon
die Widmungen bezeugen. Jene in Gellerts Briefen ausgebildete französisch-sächsische Geschwätzigkeit, die sich über
ein Nichts weitläufig nicht ohne Zierlichkeit, aber ohne Ge-
dankentiefe verbreitet, herrscht vor. Der [1] heitere Sitten-
lehrer, der 'seinem Hagedorn', dem oft citierten, neue Lebens-
weisheit abgelauscht hat, tischt zumeist allgemeine Betrachtungen auf: der Character eines Jünglings, terenzische Söhne,
das Leben in der Welt, die Liebe, Selbstcharacteristik, Schrift-
stellerei und Autorensorgen, jugendlich unreife Ausfälle gegen
sogenannte Afterphilosophie, gegen die Erbfeinde 'Thoren'
Narren' 'Lächerliche' (St. 32), über Popularisierung der Wissenschaft nach französchem Vorbilde, Musik, Geselligkeit, Leipziger Petit-maîtretändeleien über schwarzäugige und blauäugige Schönen (ein seit dem 17. Jahrhundert beliebter
Streithandel). Dazu die beliebten kleinen Characterfiguren
nach Addisons und La Bruyeres (1, 218. 273 u. s. w.) Muster,
etwa eines Süsslings oder eines Geheimnisvollen wie in Schlegels
Komödien. Oder eine Menge Typen nach Rabeners Art
müssen rasch vorbeimarschieren (1, 17). Ein Hofmeister
wird geschildert, ein fürstliches Beilager beschrieben. Der
Jüngling erzählt seinen Besuch bei Frau Richardinn, der
Gellertschen Betschwester (St. 51). Also wie bei den Engländern novellistische Keime. Nicht nur werden verschiedene
Schönen porträtiert, Eifersucht und Koketterie betrachtet,
sondern auch ein Liebesverhältnis zwischen Damis und Henriette

---

[1] Vorr. zum 2. Bande: 'Vergnügen' ist der Zweck, keine Moral-
theorie. 'Es versteht sich dass wir von einem Vergnügen reden, welches
die Tugend billigt. Ein vernünftiger Scherz, eine feine Verspottung der
Thorheiten, eine einnehmende Abbildung einer unschuldigen Freude
schafft zuweilen mehr wirklichen Nutzen, als ganze dicke Bände voll
Sittenlehren. Denn man hat sich um die Welt auch verdient gemacht,
wenn man einige vielleicht dadurch so weit bringet, dass sie auch nur
einen vernünftigen Scherz verstehen, und sich auf eine edle Art freuen
lernen'.

verfolgt. Im zweiten Band mehrt sich die Zahl der auf-
tretenden Frauenzimmer; dazwischen aber trockene Sitten-
predigten oder eine Plauderei über das Lachen. Auch dem
obligaten Briefwechsel mit schönen Abonnentinnen und aller-
hand Lesern, sogar dem 'Gespenst mit der Laute', ist der
gebührende Raum vergönnt. In dieser Gattung thut sich
allem Anschein nach hier wie sonst besonders Giseke hervor,
der seine Prosa gern durch leicht improvisierte Verse unterbricht. Auch dies ein Gewinn von den Franzosen, den sich
bisweilen selbst Cramer, so in der Schilderung eines einsamen
Spazierganges, aneignet. Anakreontische Zeilen oder ein wenig
gelungenes Trinklied werden ab und zu eingelegt, von selb-
ständigen Gedichten nur drei in Uzens Metrum (dem einzigen
antikisierenden der Beiträger, bis Klopstock kam) abgefasste
Oden auf Frühling, Sommer und Herbst (22, 35, 43), zwei
derselben von Giseke. Ernst tönen die Psalmen Cramers,
dessen Stimme sich auch in religiösen Abhandlungen, in Aus-
fällen gegen die Freigeister, in gehobenen Worten über
'Pracht und Hoheit der Schrift' hörbar macht. Während sich
Ebert als heiteren Zecher vorstellt (25), der mit Horaz,
Chaulieu, und Hagedorn die schwere Kunst zu trinken, aus-
gelernt' hat, ein gutes Trinklied trockenen philosophischen
Sätzen vorzieht, aber in Klopstocks Sinne sowol die pöbel-
hafte Entweihung des Weines abweist, als auch die jugendliche Freude vor dem Vorwurfe der Gottlosigkeit schützt.
Horaz und der ewig jugendliche Hagedorn sind ihnen Lebens-
führer. Gelegentlich geben sie die anakreontische Losung
aus: 'ein Jüngling oder ein Dichter, der den Wein hasst, lässt
sich gar nicht denken'. Hat Klopstock solche Anschauungen
gern getheilt, so hat er doch zugleich die höhere Bahn gesehen. Jene nicht, die ausser den genannten nur Boileau
und Marivaux, pflichtgemäss Opitz, flüchtig [1] Bodmers und
Hallers Gedichte loben, gemässigten französichen Classicismus
in der Form vertreten und französische Geselligkeit als Ideal
betrachten (2, 79).

---

[1] 2, 277 ff. ein Brief des 'Fröhlichen' an den 'Jüngling' aus
Bodmers Freimüth. Nachr. St. 46.

Aber die Schwabes Fahnen entflohenen Jünglinge be-
kunden eine vornehmere Auffassung vom deutschen Schriftsteller: unsere Autoren sind zudringlich und geschwätzig,
kommen früh und ungebeten, sie erzürnen uns durch ihren
Scherz, sie erheitern uns durch ihren Ernst, sie schläfern
uns ein; sie kennen nicht den eigensinnigen Stolz aus-
ländischer Dichter — Klopstock kannte ihn dann! — 'Sie
kennen die Empfindungen der Ehre nicht; das Lob ist ihnen
nicht gleichgültig, aber die Schande und der Spott ist ihnen
gleichgültig. Es kann keine Satire so bitter seyn, die sie
nicht, als Scherz, annehmen ... Ich glaube ein sehr mittel-
mässiger Engelländer gienge nach Pensylvanien und arbeitete
lieber in einer Plantage, wenn ihm die Schicksale begegneten,
die so manchen mittelmässigen Autoren unter den Deutschen
begegnen. Kaum haben sie eine Geisselung ausgestanden;
die ganze Creatur ward eine einzige Wunde, so sehr züchtigte
sie der Spott; kaum hat sich eine Rinde über diese Wunde
gezogen, so verlangen sie nach neuen Geisseln . . . . . .

> Uns helfen keine Dunciaden.
> Ein Kopf, den Cibbern abgehaun,
> Die uns mit Bänden überladen,
> Ein Kopf! Was kann das ihnen schaden,
> Da sich auf ihrem Kopf gleich hundert neue baun?
> Kein Swift lacht unsre Schreiber stumm.
> Ein Pope selbst bringt keinen um.
> Zwar Englands Cibber wird sein Spott vielleicht betäuben,
> Und manche wird er gar vom Schreibepult vertreiben;
> Allein was wird ein Deutscher machen? Schreiben'.

Ich glaube, das sprach Ebert. Und es macht ihm alle Ehre
in dieser Brutzeit der elenden Scribenten mit so scharfen
Worten vom Schauplatz abgetreten zu sein. Scherzenden
Abschied nimmt Giseke im folgenden Stück, dem letzten.
Er will sich ledig der Plackerei durch den Druckerjungen
seiner Freiheit freuen und im Wald ergehen:

> 'So fühl ich meinen May, so brauch ich meine Zeit!
> Dann schreib ich nichts, frey vom Scribentenleide;
> Und meine Wissenschaft ist Freude,
> Und meine Kunst Gefälligkeit'.

Lehrt uns das Ganze die Anschauungen der Beiträger kennen, so führen uns einzelne Partien bestimmte Figuren des Kreises leicht verschleiert vor. Nicht allen können wir die Maske abnehmen. Wer ist Wilhelmine? Aber die blauäugige Irene ist die gefeierte Radikin, deren Lob hier Giseke bis zum letzten Blatte mit wärmster Verehrung verkündet. Besondere Beachtung erheischt die 'kleine Familie von Freunden', welche im zweiten Bande unter Renaissancenamen geschildert wird. Die Freunde sind eben die Beiträger und die Deutung scheint mir nicht schwer. Sie gibt zugleich einen Beitrag zum weiteren Verständnis von Klopstocks 'An die Freunde'. 2, 1 ff. enthält eine lange allgemeine Einleitung über die Freundschaft, schwerflüssiger, als die drei Redacteure schreiben, wie auch die folgenden Characteristiken trotz vielen Feinheiten an Wiederholungen, Allgemeinheiten und stilistischer Umständlichkeit leiden. Da ferner die drei selbst in dieser Gallerie erscheinen und ein Selbstportrait der Färbung nach nicht angenommen werden darf, da der Verfasser offenbar ein älterer und mit Rabener, Gellert, K. A. Schmid lang und innig befreundet ist, denke ich, dass Gärtner, der Genossen 'liebster Quintilius', diese Nummern aus der Ferne beigesteuert hat. Seine Verbindung mit Giseke war immer sehr eng. Alle Artikel im 'Jüngling' sind anonym. Bestimmte Zeugnisse liegen für wenige vor. Die wichtigen Briefe Gisekes, abgedruckt im fünften Bande des Schnorrschen 'Archivs' bezeichnen für St. 22—24 Giseke, für 25 Ebert, für 26 Cramer, für 37 Giseke, für drei Augustnummern Cramer als Verfasser. Anderes lässt sich nur erschliessen. Die Fortsetzung aber dieser Revue 2, 293 ff. ist schon der Sprache nach nicht von Gärtner, sondern von Giseke. Deshalb auch eine neue Einleitung über die Freundschaft, deshalb wird endlich 2, 353 in der Aufzählung nur Arist-Giseke übergangen. Anderes kommt bestätigend hinzu. Ich beginne die Deutung.

1. Philet 9 ff. ist Rabener. Vgl. 91 f. 296. Gisekes Worte Archiv 5, 594 und Poet. Werke S. 328, auch die Einleitung Weisses zu Rabeners Briefen.

2. Arist 12 ff. ist Giseke. Er kommt in der zweiten

Folge nie vor. J. A. Schlegel irrt wenn er viele Jahre später
zu einem Verse seiner 'Elegie' auf die Radikin Verm. Ged.
1, 297 'Arists Irene wird des Tods so frühe Beute' die Fuss-
note anbringt: 'Unter dem Namen Irene ist sie in der vor-
trefflichen Wochenschrift . . . der Jüngling . . . geschildert,
so wie in derselben Herr Cramer unter dem Namen Arist'.
Er konnte um so leichter irren, als er in früheren Oden
Cramer und die jüngere Radikin allerdings mehrmals unter
den Namen Arist und Charlotte besungen hatte (so S. v. S.
1, 389. 451). Aber Giseke nennt die ältere Radikin gelegentlich Clarissa (S. v. S. 3, 250), Cramers Gattin Dorinde,
Cramer selbst stets Damon. Die Renaissancenamen wechselten.
Körte hat sich seltsam verirrt, wenn er in der ersten Ausgabe der Werke Kleists 1, 157—159 die ganze Characteristik
mittheilt und zuvor bemerkt 'Giseke hat Kleists Character
im Ganzen mit freundlicher Wahrheit gezeichnet'. Mit ihm
irrt Kl. Schmidt 'Klopstock und seine Freunde' 1, 140 f.
('Kleists Charactergemälde von Giseke').
    3. Clitander 14 ff. (92, 298) ist mir nicht so klar. Als
hervorstechende Züge erscheinen starke Phantasie und Bilder-
reichthum im Gespräch. Er ist sich selbst überlassen gewesen
und dankt alles 'der Güte der Natur, oder der Geschicklich-
keit seines Fleisses'. Er hat viel Schlechtes gelesen und studiert
nun eifrigst das Schöne, so dass er nunmehr eine gründliche
Einsicht mit einem richtigen Geschmack verbindet. Edle
Gedanken, Dichtungen, Handlungen erwecken in ihm ein
naives Entzücken. Ich kann diesen Naturmenschen und
Autodidacten nur in dem 'Bauernsohn' Fuchs, Hagedorns
Schützling, finden. Giseke spricht einmal (Archiv 5, 53) von
den 'Beyträgern, worunter ich auch H. Fuchsen rechne'.
Ebert berichtet oft über den schüchternen Jüngling an den
Hamburger Gönner. Aber es heisst hier: 'er könnte ein Poet
seyn. wenn er das Herz hätte, es zu werden', er sei Poet
im Gespräch. Der Sinn ist: Fuchs reimt bis jetzt, aber
ist kein Schöpfer, obwol er alles Zeug dazu hat. Gärtner
und Giseke dachten von seinen Oden nicht hoch (Archiv
5, 42).
    4. Damon 34 ff. vgl. 92 (Vergleich mit Fontenelle),

298, vielleicht K. A. Schmid. Die Characteristik ist farblos
und bietet nichts greifbares. Ich übergehe sie.

5. Philint 39 ff. ist Klopstock. Einiges, wie über seine
Bescheidenheit, vielleicht nicht ganz frei von Ironie.
Gärtner spricht nur von dem Menschen, nicht von dem Dichter. Wir
begnügen uns nicht mit der prosaischen Erklärung, dass der
Bogen trotz engem Petitdruck nicht langte, sondern denken
an Gärtners stilles Unbehagen über Klopstocks Poesie. Giseke
macht die Unterlassungssünde S. 297 ff. wieder gut.

6. Mentor 43 ff. ist Gellert. Die Anreihung zeigt das
Streben nach Abwechslung und Contrast. Uebrigens empfanden schon die Beiträger trotz dieser liebevollen Zeichnung
und manchen, auch Klopstockschen Lobversen eine gründliche Langeweile in Gellerts Gegenwart. Ebert deutet derlei
an, Giseke schreibt ärgerlich an Schlegel 17 XII 46 (Archiv
5, 48): 'Dieser alte Oheim, der nach gerade kindisch wird,
würde, mit seiner Krankheit, die sich aber jetzt bessert, sich
mehr Mitleid erhalten, wenn er nicht so wunderlich wäre.
Sie können nicht glauben, was Er für einen Jammer gehabt
hat, ehe er seine Comedie gedruckt gesehen', um dann in
launigen Versen zu schildern, wie der furchtsame Hypochonder
in die Druckerei kriecht.

7. Lälius 45 ff. (298) ist J. A. Schlegel. Beweis auch
die schlagende Parallele bei Cramer 1, 44, die auf Mitthei-
lungen Klopstocks und Cramers des Vaters beruht: 'Schlegels
auffahrendes Feuer, seine Unwilligkeit zu verbessern; und
am Ende verbesserte er doch, und war so reich an guten
Aenderungen, dass man oft nicht wusste, welche zu wählen
sey'. Seine Formgewandtheit preist Giseke P. Werke S. 320.
Hier wird seine Fröhlichkeit und Zärtlichkeit hervorgehoben
— von ihm, Lälius unterzeichnet, ist der 'Brief an D. O**'
(Doctor Olde, Giseke 'Andreas Baccius an den Herrn Doctor
Olde') worin er sagt, vordem sei er der 'zärtlichste Freund
und fröhlichste Jüngling gewesen'.

8. Cleant 47 f. (287, 300). Ich dachte an Olde. Einer
Reise Cleants mit Schwester und Schwager nach England —
Olde war Hamburger — gedenkt Giseke S. v. S. 3, 280 (P.
W. 411). An ihn vielleicht auch P. W. 175 'An Cleanthen',

oder an Schlegel, den Giseke einmal (Archiv 5, 48) Cleant nennt. Aber die Vermuthung ist unwahrscheinlich. Verheiratet, nicht Schriftsteller, schöne Erscheinung, vorzüglicher Gesellschafter, witzig, hervorragendes Copiertalent, hat 'in seiner Jugend' Günther mit Vorliebe gelesen, erzählt 'von den unschuldigen Ergetzlichkeiten seiner ersten Jugend'. Den Hamburger Alberti, dessen mimische Talente Cramer anziehend beschreibt (5, 303 ff.), kann ich nicht nach Leipzig zaubern. Gärtners Schwager, Fechtmeister Gellert? Goethe freilich nennt ihn später (21, 77) 'gross, ansehnlich, derb, kurz gebunden, etwas roh'.

9. Cleon 93 f. (179, 296) ist Ebert, das gebildetste Glied des Kreises. S. o. seinen Aerger über die deutschen Schriftsteller. Man durfte ihm wirklich Saumseligkeit im eigenen Schaffen vorwerfen, vgl. Giseke P. W. 390 (Cleon 'liebenswürdiger Müssiggänger', als Cleon auch ebenda S. 179) und an Schlegel (Archiv 5, 578): 'Freund, Schmidt und Ebert haben Recht, Wenn sie die Schreiberey von ganzer Seele hassen'. · Klopstock lässt ihn aus griechischem, römischem oder englischem Dichtergebiet zum Freundschaftstempel kommen.

10. Theokles 96 wol Kühnert. Nach Betonung seiner peinlichen Redlichkeit und ungestümen Phantasie ·heisst es: 'Er ist so ungehalten auf seine Einbildungskraft geworden, dass er sich in die Arme der Philosophie geworfen hat. Ich kenne seinen offenen Geist so sehr, dass ich mir Bürge zu werden getraue, es sey nicht diejenige Philosophie, welche ihren Verehrern eine Abneigung gegen die schönen Wissenschaften oder gar eine Verachtung derselben beybringt, und die unter dem betrügerischen Vorwande, dass sie den Geist gründlich denken lehren will, ihn verdriesslich und finster macht. Wenn er sich auch in dieselbe einlassen sollte, so verlasse ich mich auf sein Wort, welches er mir gegeben hat, dass er sie nur kennen lernen will, damit er sich hernach der schönen Wissenschaften und ihrer Freunde wider die falschen Philosophen desto nachdrücklicher annehmen könne'. Aehnlich, nur nicht so magisterlich schulmeisternd, ruft Klopstock 'Wingolf' III 8 f.:

'Du, der bald Zweifler, und Philosoph bald war,
Bald Spötter aller menschlichen Handlungen,
Bald Miltons und Homerus Priester,
Bald Misanthrope, bald Freund, bald Dichter,

Viel Zeiten, Kühnert, hast du schon durchgelebt,
Von Eisen Zeiten, silberne, goldene!
Komm, Freund, komm wieder zu des Milton
Und zu der Zeit des Homer zurücke!'

Vgl. auch Cramer 1, 200.

11. **Ernst 98 ist Cramer.** Der Verweis auf das Morgenland entspricht seinen Psalmen, der auf Homer seinen epischen Versuchen.

Nun mögen die wichtigsten Characteristiken folgen:

1. **Rabener.** 'Der älteste unter meinen Freunden ist Philet, ein geschickter Rechtsgelehrter, ein rechtschaffner Mann, und, damit ich den vornehmsten Zug zu seinem Gemälde nicht vergesse, ein Kenner der schönen Wissenschaften und ein witziger Kopf. Ich kenne niemanden, der mit einer solchen Einsicht in die Rechte so viel Geschmack an den Werken des Witzes verbunden hätte. Es ist ihm einerley, ob er ein zweydeutiges Gesetz, oder eine Stelle aus dem Martial erklären soll; und wenn er des Abends, in Gesellschaft seiner Freunde, die verliebten Klagen eines Poeten beurtheilet: so merken sie es ihm nicht an, dass er sich den Tag über vielleicht bey den Klagen eines Bauern, oder bey den Beschwerden eines Landedelmannes die Zeit hat lang werden lassen. Er bekleidet ein öffentliches Amt, und er verwaltet es mit einer Treue und Klugheit, die ihm Ehre macht. .... Er ist unterdessen so höflich, dass er von seinem Rechte mit seinen Freunden nicht Anders redet, als wenn sie es verlangen, ob er gleich nimmer davon redet, dass sie ihm nicht mit grossem Vergnügen zuhören sollten. Und er ist viel zu klug, als dass er seinen Amtsgenossen mit seinem Witze beschwerlich fallen sollte. Ich weis aber nicht, ob seine guten Absichten ihm bey den letzten auch allemal gelingen. Das weis ich, dass er den Witz überall aufweckt, wo er ihn antrifft, und dass er ihn auch dahin mitbringt, wo er ihn nicht antrifft.

Die meisten von denen, die in einträglichen Aemtern
stehen, haben eine Kunst, Geschenke zu fordern, oder anzunehmen. Philet hat eine andre Kunst, die unstreitig viel
schwerer ist. Das ist die Kunst, die Geschenke, die ihm
angeboten werden, nicht anzunehmen.....
    Es giebt sehr wenige die ihren Geschäfften mit solchem
Eifer obliegen, als er. Er ist so unermüdlich, dass ihn auch
seine liebsten Freunde nicht um eine einzige Stunde bringen
können, wenn er sie einmal zur Arbeit bestimmt hat.....
Seine Verrichtungen sind von der Art, dass man ohne ein
gewisses Maass von Unbarmherzigkeit nicht dazu geschickt
zu seyn scheint. Er hat es also gelernt, zuweilen unerbittlich zu seyn. Allein, das verhindert ihn nicht, dass er nicht
grossmüthig und zärtlich seyn sollte. Er ist nur deswegen
zu gewissen Zeiten ein harter Mann, weil er ein recht-
schaffener Mann ist, und er bleibt auch alsdann noch ein[1]
Menschenfreund, wenn ihm die Erfüllung seiner Pflicht die
Nothwendigkeit auferlegt, Klagen anzuhören, ohne sich dadurch von seinem Vorsatz abwendig machen zu lassen.
    Wenn die wahre Lebensart in der Kunst besteht, einem
jeden nach seinem Stande und Character so zu begegnen,
dass er mit uns zufrieden ist: so muss man es meinem
Freunde einräumen, dass er ausserordentlich wohl zu leben
weis. Seine Geschäffte nöthigen ihn, mit hunderterley Leuten
umzugehen, und er geht auf eine solche Art mit ihnen um,
dass sie alle gleich mit ihm zufrieden sind. Er weis sich das
Vertrauen der Niedrigen und die Hochachtung der Grossen
zu erwerben, und er ist noch in keiner Gesellschaft gewesen,
wo er nicht gefallen hätte. Da er eine grosse Fertigkeit
erlangt hat, die Gemüther der Menschen kennen zu lernen:
So wendet er diesen Vortheil nur dazu an, dass er ihnen
angenehm werde. Er ändert seinen Scherz, so oft er eine
Person von einer andern Gemüthsart antrifft, und hat, wie
er sagt, einen andern Witz bey seinen Edelleuten, einen
andern bey seinen Bauern, einen andern bey den Bürgern,

---

[1] Klopstock Wingolf II 'Der Thorheit Hasser, aber auch Menschenfreund, allzeit gerechter Rabner' u. s. f.

und einen andern bey seinen Freunden. Dem ungeachtet
ist sein Scherz einmal so schön, als das andre. In der Ausführung seiner Beschlüsse ist er gesetzt und beständig. Kein
einziger Zufall bringt ihn aus seiner [1] Gelassenheit. Er weis
immer Mittel, die Fehler des Glückes oder andrer Menschen
wieder gut zu machen . . . . .
Er ist sehr geübt, das Lächerliche an dem Menschen
wahr zu nehmen, und er ist eben so geübt, es auf eine
solche Weise zu zeigen, dass diejenigen nicht dadurch be-
leidigt werden, an denen er es zeigt. Er verfolgt die Thorheiten überall, wo er sie antrifft, er verfolgt sie bis in die
geheimsten Winkel. Aber wenn sie ihm nicht mehr entwischen können, so giebt er ihnen, dass ich so rede, Quartier,
und lässt sie in ihren Winkeln ihres Friedens geniessen, wenn
sie sich nur nicht wieder hervorwagen. Seine Satyre ist so
schön, dass sie den Kennern allemal gefällt. und so richtig.
dass diejenigen, die sie treffen soll, es allemal fühlen, dass
sie getroffen werden. Ich will diesen Zug nicht weiter aus-
bilden. Ich möchte meinen Freund sonst kenntlicher machen,
als er zu seyn wünscht. Das einzige will ich noch hinzu-
fügen: Da er die Gesetze so gut versteht, so weis er auch
die Rechte der Satyre vollkommen. Er weis genau, wie
weit sich ihre Freiheit erstrecket, und ich ziehe ihn bey
meinen Blättern auch aus der Ursache zu Rathe, damit
ich sicher seyn kann, dass ich nicht zu [2] unvorsichtig gewesen bin.

[1] Man denke nur an sein Verhalten während des Dresdener
Bombardements und den oft citierten trefflichen Brief darüber.

[2] Wir denken heute von Rabeners Satiren geringer als Freund
Gärtner und erblicken gerade in der freilich durch die Rücksicht auf
die sächsische Censur gebotenen aber dem Adel gegenüber übertriebenen
Vorsicht — bei radicaleren Privatmeinungen! — und der Beschränkung
ein Gebrechen. Den Schreibern des 'Jünglings' gilt er natürlich als
deutscher Swift, da er doch mit dem Dechant gar nichts gemein hat.
Hier aber wird von einem 'englischen R**' und einem 'deutschen Swift'
gesprochen und gesagt (S. 92): 'So wird Philet seinen Freund tadeln,
wie Swift etwa einen Freund getadelt haben würde'. Klopstock setzt
sein 'heilig Bild zu Lucianen hin, und zu Swiften hin' ('Zu Tiburs Lacher
und zu der Houyhmeß Freund').

So wenig er sich in seinem Fleiss von seinen Freunden stören lässt, so wenig hat er sich bisher in demselben von der Liebe stören lassen. Alle Schönen haben über sein Herz keine Gewalt gehabt, und mit seinem liebenswürdigen Leichtsinn, der auch den Schönen selbst gefallen würde, hat er über die Liebe nur gespottet. Allein, nachdem ich ihn so oft in Gesellschaft der Mademoiselle ** sehe, traue ich seinem Herzen nicht mehr zu, dass es noch lange unüberwindlich bleiben wird. Philet, Philet! Nehmen Sie Ihr Herz in Acht! Sonst will ichs noch erleben, dass Sie mich um eine verliebte Ode bitten sollen. Denn ob Sie gleich ein vortrefflicher Satyrenschreiber sind: So können Sie doch keine so gute verliebte Ode machen, als ich'.

2. G i s e k e. 'Wenn die Ehrlichkeit eines Mannes jemals auf seinem Gesicht abgezeichnet gewesen ist: So ist es auf dem Gesicht meines Freundes A r i s t. Der Augenblick, wo ich ihn zuerst sah ist auch derjenige, wo ich sein Freund geworden bin. So sehr betrügt uns die Natur nicht, dass sie ein so grossmüthiges und rechtschaffnes Gesicht einer Seele geben sollte, die ihr Gesicht widerlegte. Sein Herz ist so aufrichtig, dass er nicht einmal fähig ist, eine Verstellung auszuhalten, und dass er sich ehmals zuweilen von denjenigen betrügen lassen, die über ihr Herz mehr Gewalt besessen hatten, als er . . . . .

Ob sein Temperament gleich ehrgeizig und feurig ist: So beherrscht er sich doch so sehr, dass er sanftmüthig und bescheiden ist. Es ist eine Zeit gewesen, wo er Leute hochgeachtet hat, die der Hochachtung eines solchen Geistes nicht werth waren. Er würde in diesen Fehler nicht gerathen seyn, wenn er sich selbst etwas besser gekannt hätte. Noch itzt traut er sich sehr wenig zu, ob ihm gleich alles gelingt, was er unternimmt, und obgleich seine Arbeiten von Kennern bewundert werden. Eine jede von ihnen verräth das gute Herz, und seine edlen Grundsätze, und, ungeachtet der Sorgfalt mit der er sie verfertigt, herrschet in ihnen doch eine gewisse Verachtung der überflüssigen Kunst, welche sich zu der Aufrichtigkeit seines Gemüths ausserordentlich wohl schickt.

Seine Freunde geben ihm Schuld, dass er zuweilen ein bischen zerstreut ist. Er vergisst es manchmal, dass er bei einem Freunde bleiben will, weil er sich daran erinnert, dass er einen andern besuchen muss. Er verlässt den einen ganz plötzlich, und er verschwindet dem andern gleichsam aus den Armen, um zu dem ersten wieder zurück zu kehren. Er redet den einen Augenblick mit uns, und den andern Augenblick antwortet er uns nicht, sieht uns sehr aufmerksam an, und hört doch so wenig, was wir sagen, als ob er vergessen hätte, dass er bey uns ist.[1] Unterdessen ist er vielleicht ausserordentlich vergnügt, und, welches wir am wenigsten vermuthen sollten, in seinen Gedanken mit nichts so sehr beschäfftigt, als mit uns. Er erwacht, als aus einem tiefen Schlafe, und wundert sich darüber, dass er es nicht gehört hat, was wir mit ihm geredet haben. Er erfährt einige Neuigkeiten, die ihn angehen, und besucht seinen Freund in der Absicht, sie ihm zu erzählen; allein er vergisst es. Den folgenden Tag fällt es ihm ein; allein er fürchtet sich seinem Freunde eine Sache zweymal zu erzählen, und verschweigt es also wieder. Einige Zeit nachher redet er davon, als von einer längst bekannten Sache, und wundert sich, dass wir alles, was er uns davon erzählt hat, schon wieder vergessen haben.

Es wäre mir nicht lieb, Arist, wenn Sie sich diesen kleinen Fehler ganz abgewöhnen sollten. Denn er vergnügt mich und Ihre Freunde weit mehr, als er Ihnen und andern beschwerlich werden sollte.

Diese Zerstreuung verhindert ihn nicht, auf seine Freunde ungemein aufmerksam zu seyn. Er ist so zärtlich, dass man ihn durch eine einzige Miene niederschlagen kann, wenn dieselbe nicht so heiter ist, als er sie erwartet hat. Er hört seine Fehler mit einer Bescheidenheit an, die ein sichrer Bürge ist, dass er sie verbessern will. Wenn er geirret hat: So räumt er es den Augenblick ein, und er treibt diese Aufrichtigkeit, oder dieses Vertrauen zu seinen Freunden so

---

[1] Ich erinnere an das rührende Bild, das Voss von Höltys vergnüglicher Träumerei entwirft.

weit, dass er auch die Fehler gesteht, die es nicht sind, wenn es seinen Freunden gefällt, sie ihm im Scherze Schuld zu geben'.

6. Gellert. 'Wenn der Zustand unsrer Seele allein von der Beschaffenheit ihres Körpers abhienge: So würde kein Mensch trauriger und zur Gesellschaft unfähiger seyn, als mein Freund Mentor. Allein, die Zufälle seines Körpers können ihm niemals so viel Munterkeit rauben, dass er nicht noch immer gefallen sollte. Er ist also in allen Gesellschaften willkommen, wenn er auch seinen Husten, seinen kurzen Athem, und seine kranke Mine mit sich bringen sollte. Alle seine Freunde bedauern ihn, sie geben sich alle ersinnliche Mühe, durch die aufrichtigsten Liebkosungen ihn dahin zu bringen, dass er sich selbst auf eine Zeitlang vergessen möge. Er vergisst sich auch zuweilen; er fängt an zu scherzen, und alsdann denkt kein einziger daran, dass er noch krank ist.

Aber, wie angenehm ist er nicht erst in denjenigen glückseligen Stunden, wo er seine ganze Seele allein anwenden kann, sich und seine Freunde zu vergnügen! Es ist eine bekannte Anmerckung, dass diejenigen die Annehmlichkeiten des Lebens am lebhaftesten empfinden, welche am wenigsten Gelegenheit dazu haben. Eine iede vergnügte Stunde meines Freundes lässt ihn so viel Wollust geniessen, dass sie ihm alle die Tage wieder ersetzt, welche er allein unter schmerzhaften Empfindungen und traurigen Betrachtungen getheilet hat. In diesen kostbaren Stunden will ich mit ihm spatzieren gehen, und unter den Annehmlichkeiten einer herrlichen Gegend. im Schoosse der schönen Natur, nicht daran denken, dass es vielleicht noch iemanden geben könne, der glücklicher wäre, als er: Ich will meinen Freund bey der Hand fassen, und ihm Glück wünschen, dass ihm der Himmel ein Herz gegeben hat, welches fähig ist, sich an seinen Werken zu vergnügen. Ich will mir keine einzige von seinen fröhlichen Ausruffungen entwischen lassen, ohne sie mit der meinigen zu begleiten. . . . . .

Diese herrliche Gemüthsart meines Freundes, welche ihre Stärke allein von einer aufrichtigen Tugend empfängt, und die genaue Sorgfalt, womit er sich seinen eigenen Lebensregeln unterwirft, ist das vornehmste, womit sich Mentor erhält. Er hat sich in allen seinen Verrichtungen oder kleinen Vergnügungen zu einer so strengen Ordnung gewöhnt, dass er unter seinen Bekannten deswegen recht berühmt ist. Er hat seine gewisse Stunde, wo er aufsteht, und Caffee trinkt, seine besondre Zeit, wo er Taback raucht, und auch sein bestimmtes Maass. wie viel er raucht. Lesen, schreiben, Wein und Wassertrinken, besuchen, spatzierengehen, alles hat bei ihm seine eigene Stunde, und er thut fast nichts einmal anders, als das andremal. Er mag so sehr beschäfftigt seyn, wie er will, das wird ihn nicht bewegen, eine einzige halbe Stunde länger zu arbeiten, als er sich vorgesetzt hat. Alsdann kleidet er sich an, und geht spatzieren, oder besucht seine Freunde. Zur Zeit seines Besuchs ist man nirgends vor ihm sicher. Denn da ihm seine Gesundheit das Gesetz auferlegt hat, nicht lange an einem Orte zu bleiben: So besucht er alle seine Freunde innerhalb einiger Stunden. Wenn er uns nicht zu Hause antrifft: So verfolgt er uns, so zu sagen, von einem Hause in das andre, bis er uns findet. Er überschleicht uns mit seinen Umarmungen, wo wir es oft am wenigsten vermuthen, und er verliert sich wieder, so bald der Zeiger geschlagen hat. Wenn wir beschäftigt sind: So steht er bey uns, und sieht uns zu, oder sieht unsre Bücher durch, bis seine Zeit um ist. Wer wollte aber seine Geschäffte so lieb haben, dass er sie nicht gern bey Seite legte, um sich mit ihm zu unterhalten, oder ihn anzusehen? Denn man muss wissen, dass er so wenig redet, dass oft sein ganzer Besuch hauptsächlich nur darinnen bestehet, dass er uns ansieht. Allein er hat eine so besondre Art iemanden anzusehen, dass er ihn dadurch oft eben so sehr vergnügt, als andre durch ihre Gespräche thun.

Er ist also unter seinen Freunden beynahe dasjenige, was der 'Zuschauer' war. Er hat, wie er, eine gewisse stumme Gesprächigkeit, wodurch er an allen Unterredungen Antheil nimmt, ohne etwas dazu zu sagen. Sein Scherz ist oft nichts weiter als ein Lächeln, oder ein witziges Kopfschütteln, wenn ich mich so ausdrücken darf. Wenn es ihm gefüllt, dieses Stillschweigen zu unterbrechen, und sich durch andre Zeichen auszudrücken, als durch Minen: So ist uns dieses um so viel angenehmer, ie unerwarteter es ist. Damit sich meine Leser indessen von seiner stillen Gesellschaft keinen unrechten Begriff machen, so muss ich ihnen sagen, dass er sich auch zuweilen in ausführlichere Gespräche einlässt, insonderheit wenn man bey ihm allein ist.

Kurz, sein Umgang ist aus Tugend, Zärtlichkeit und unschuldigem Scherze zusammen gesetzt, und seine Schriften sind, wie sein Umgang'. S. 300 (Giseke) liefert noch den hübschen Zug, dass man 'ihn mit einer kleinen Schmeichelei so weit bringen kann, dass er seine Hand vors Gesicht hält, und sich schämt'.

7. Schlegel. 'Läli us ist nicht so sparsam mit seinen Worten. Die Natur hat ihm so viel jugendliche Heiterkeit, so viel Neigung zur Gesellschaft, und einen so reichen Witz gegeben, dass alle diese Dinge zusammen genommen ihn zum liebenswürdigsten Schwätzer machen, wenn er unter seinen Freunden ist. Er ist von dem Vergnügen ihrer Gesellschaft so trunken, und seine Zärtlichkeit oder seine Freude ist so ehrgeizig, sich ihnen mitzutheilen, dass er sich von seinen Freunden immer ganz geniessen lassen will. Er kennet sie auch zu wohl, als dass er einen einzigen Einfall seines Witzes, oder eine einzige Empfindung seines Herzens vor ihnen verschweigen dürfte. Er scheinet dieses so wenig zu thun, dass man den Ueberfluss seiner Einfälle und Empfindungen erst so genau kennen muss, als seine Freunde, wenn man wissen will, dass er vielleicht selbst zu der Zeit noch sehr verschwiegen ist, wenn er der grösste Plauderer zu seyn scheint. Kurz, er ist einer von den muntersten und fröhlichsten Jünglingen, die ich kenne, und seine Gespräche widerlegen alle diejenigen, die ihn nach seinem Ansehen für finster und tiefsinnig, oder, wie sie sagen, für ausserordentlich philosophisch halten'. Zuweilen, besonders des Morgens, überfalle ihn jedoch die Krankheit der Verdriesslichkeit, aber auch sein schlafender Witz sei originell.

'Ob er gleich ein ausserordentlicher Freund von Gesellschaften ist, und alsdann, dem Ansehen nach, nichts als das

Vergnügen liebt, so ist er doch ein eben so grosser Freund
von der Arbeit. Diese verschiedenen Neigungen verbinden
sich auf eine so merkwürdige Weise in ihm, dass er sich
einbildet, er könne nicht arbeiten, wenn er allein ist. Und
doch hätten ihn die einsamen Perioden, die er erlebt hat,
von dem Gegentheile überführen sollen.

Ungeachtet er sehr furchtsam ist, so oft er etwas neues
anfängt: so ist er doch immer gleich glücklich, er mag sich
in ein Feld begeben, in welches er will.

Was er ausarbeitet, verfertigt er mit aller Geduld des
arbeitsamsten Gelehrten, und mit aller Lebhaftigkeit des
witzigsten Kopfes . . . . Er betrachtet alles von allen Seiten
. . . . Er ist eben so sorgfältig bey den kleinsten Zügen,
als bey den wichtigsten, und so genau in seinen Ausdrücken,
dass er sie doch nicht stärker zeichnet, als sie seyn müssen.
Immer zweifelt er, ob er seiner Kunst genug gethan hat,
und er macht oft zehn Lesarten zu einem Verse, worunter
er seine Freunde wählen lässt. Sie sind aber in ihrer Wahl
gemeiniglich so unschlüssig, als er selbst. Denn die meisten
seiner Lesarten sind schön, ob es sich gleich sehr oft zu-
trägt, dass die erste auch die beste ist. Er belohnt seine
Freunde hierdurch für diejenige Mühe, die sie anwenden
müssen, ihren Kritiken einen Eingang bey ihm zu verschaffen.
Denn er widersetzt sich denselben mit einer grossen Hitze,
welche aus der Ueberlegung entsteht, womit er gearbeitet
hat. Und er ändert hernach so gern, und mit einer solchen
Geduld, als wenn er sich seine Kritiken selber gemacht hätte.

Man kann sich aus diesem sehr leicht einen Begriff
von seiner Satyre machen. Sie ist immer sehr richtig, weil
er die Thorheiten nicht eher verlässt, als bis sie auch keinen
Schein einer Entschuldigung mehr übrig behalten. Sein
Spott ist ungemein bitter, ungeachtet er ihm allemal ein
solches Ansehen zu geben weis, dass er nur zu lachen, und
mit den Ungereimtheiten zu spielen scheint. Das versöhnt
ihn nicht, [1] dass die Thoren vor ihm fliehen, und sich in
ihren Winkeln verborgen halten. Er jagt sie aus denselben

---

[1] Also im Gegensatz zu dem, was oben von Rabener berichtet wird.

wieder heraus, und wenn er sie noch einmal zur Schau darge-
stellt hat: so lässt er nicht eher nach, bis er sie gänzlich
aufgerieben hat.

Sein Herz ist ungemein empfindlich. Ich habe ihn
verschiedene Trauerspiele durch weinen und zittern sehen,
ungeachtet die Uebersetzung derselben sehr schlecht, und
die Vorstellung mittelmässig war. Allein kaum hatte er das
Schauspiel verlassen: So war er derjenige, welcher die lä-
cherlichen, doppelsinnigen Verse, oder die unrichtigen Aus-
drückungen der spielenden Personen am genauesten beobachtet hatte.

Seine Freunde liebt er mit einer Zärtlichkeit, die ihrer
würdig ist. Eine kurze Reise derselben stürzet ihn in eine
tiefsinnige Schwermuth, zu der er sonst wenig geneigt ist.
Er redet ganze Wochen vorher von nichts anders, als von
ihrer Abreise, und, wenn ihm ein einziger von seinen Freunden mangelt, so ist er so niedergeschlagen, dass alles, was
er schreibt, oder denket, damit ich mich seines eignen Aus-
drucks bediene, eine Elegie wird'.

9. Ebert. 'Cleon besitzt ausser einer Redlichkeit, die
alle Proben aushalten kann, eine Zärtlichkeit, die sich
durch ihren ganz eignen Charakter von der Zärtlichkeit
eines andern unterscheidet. Wenn man seine Augen sieht,
welche sich, ie mehr seine Freude und Liebe zunimmt,
nach und nach immer mehr verkleinern, und sich endlich
zwischen seinen Augenliedern beynahe verlieren, so kann
man seine Zärtlichkeit darinnen abgebildet finden. Er entfernt
sich von andern unsers Geschlechtes so weit, als ein männliches Frauenzimmer sich von andern Schönen entfernt. Seine
Freundschaft, seine Liebe, und seine Freude hat eine gewisse
Weichlichkeit an sich, die einem Manne Ehre bringen kann'.
Empfänglich, leicht zu hintergehen, dann verzweifelnd; ungemein betrübt über die Abwesenheit eines Lieben.

'Man kann nichts angenehmers sehen, als ihn, wenn er
frölich ist. Seine Frölichkeit ist die muthigste Freude von
der Welt. Sie ist ein Proteus, der seinen Freunden unter
vielen neuen Gestalten erscheint. Eine jede freudige Bewegung von ihm scheint die Freude selbst zu seyn.

Die anständige Weichlichkeit, von der ich geredet habe,
mengt sich in seinen Geschmack nicht weiter, als dass sie
ihn nur gegen alles, was in den Wissenschaften schön und
vortrefflich ist, empfindlicher macht .... Er besitzt eine
überaus weitläuftige Kenntniss der Alten und Neuern. Er
belohnt einen schönen Schriftsteller so sehr, dass er wohl in
der Entzückung sagen kann, er wollte die andern entbehren,
wenn er nur diesen hätte. Gleichwohl ist es gewiss, dass
er über ihren Verlust untröstbar seyn würde. Man kann
daraus urtheilen, wie fruchtbar und mannichfaltig sein Witz
bey einem so reichen und richtigen Geschmacke seyn muss.
Sein Scherz ist so gelenkig und wohlanständig, als seine
Freude, ob er gleich immer noch ein männlichers Ansehen
hat, als sie.

Mit den Deutschen ist er, was die schönen Wissenschaften betrifft, ganz unzufrieden. Er glaubt, dass sie es
niemals zu einer solchen Vollkommenheit bringen werden,
als die Alten und Ausländer. Ich bin seiner Meynung, wenn
alle diejenigen, welche einen so glücklichen Geist haben, als
er, so wenig und so selten, als er, schreiben wollen. Ich
weis wohl wie er sich entschuldigt. Es ist so viel schönes
vor ihm geschrieben worden, dass er alles kennen will; er
will auch alles, was er schreibt, vollkommen ausarbeiten;
aber dennoch haben seine Freunde Recht, unwillig auf
ihn zu seyn. Ich kann seine Arbeiten nicht richtiger, als
mit einem muntern und freyen Frauenzimmer vergleichen,
das die gesetzte Seele eines Mannes hat. Er braucht viel
Zeit, ehe er sich zum Arbeiten entschliesst, und wenn er
arbeitet, so geschieht es beständig mit einer gleichen Gelassenheit, die aber seinen Arbeiten allezeit vortheilhaft ist.
Er verweilt sich bey einem jeden Gedanken sehr lange, und
will ihn doch nicht erschöpfen, einige Materien ausgenommen,
mit denen er sich so gern, als Chaulieu, beschäftigt. Zugleich aber trägt er eine so ausserordentliche Sorgfalt für
den Wohlklang, dass auch dadurch seine stärksten Gedanken
ein so leichtes Ansehen erhalten, dass man sie nicht so gleich
für das ansieht, was sie sind'.

11. Cramer. 'Ernst hat eine so gefällige, sanfte, und einschmeichelnde Zärtlichkeit, dass man, so ernsthaft und still sie auch ist, doch die Stärke und Hoheit des Geistes, womit er denkt, bey dem ersten Anblicke nicht bey ihm vermuthen sollte; man wundert sich aber, wenn man nur die geringste Kenntniss davon erhält, dass man sie nicht gleich völlig errathen hat.

Seine Zärtlichkeit, sein Geschmack, sein Beyfall über seine Freunde, und sein Tadel entdeckt sich ihnen nur nach und nach, und mit einer Gelassenheit, die ihn eben so liebenswürdig macht, als andre entweder durch die Hitze, oder Ueberlegung werden, mit der sie sich auf einmal zeigen.

Sein Geist scheint aus dem Oriente zu uns herüber gekommen zu seyn, die Sitten unsers Verstandes anzunehmen, wenn mir die Philosophen erlauben wollen, dem Verstande Sitten zuzuschreiben. Alle seine Arbeiten und Erfindungen haben eine Grösse und Hoheit, zu der nur Morgenländer, oder solche Geister fähig sind, die sich durch einen vertrauten Umgang mit ihren Schriften etwas von ihrer Art zu denken angewöhnt haben. Was er schreibt, hat die Pracht, und zugleich die edle Einfalt, die man bey ihnen wahrnimmt. Seine Gedanken gehen, so weit dasjenige, was ich sagen will, ein Lob ist, immer in das Unendliche. Wenn er es für keine Schmeicheley ansehen wollte, so würde ich sagen, dass er den Homer vielleicht so stark empfände, als sich dieser ewige Dichter selbst empfunden haben mag. Allein so vertraut er mit ihm und mit den Alten ist, so hat ihm doch die Natur einen Geist gegeben, der auch ohne die Nachahmung ihrer Werke gross seyn würde, ob er gleich itzt durch sie sehr viel gewinnt'.

5. Klopstock. a. 'Philint ist einer von meinen Freunden, von dem ich viel böses reden möchte, wenn ich könnte, weil ich sehr oft bey ihm unrecht gehabt habe. Allein ich will ihm das übersehen, weil ich in der That oft unrecht haben mag, und zu dem ist Philint ein Freund, der sehr ernsthaft und männlich aussehen kann, und mich doch am meisten umarmt. Er vergisst sich zwar nur, und es ist ihm leid, wie er sagt; er umarmt mich aber doch. Er vergisst

sich vielleicht auch und liebt mich; ich vergesse mich aber
auch, und denke, dass ich es ein wenig verdiene, weil ich
ihn liebe. Er hat ein so redliches und edles Herz, dass er vordem
schon durch den Schein einer niedrigen und unedlen That
aufgebracht werden konnte. Eine Handlung, die ein böses
Herz verräth, hat eine solche Gewalt über ihn, dass sich
sein Unwille über sein ganzes Gesicht ausbreitet. Er hasst
die Niederträchtigen, und Narren so sehr, dass er sie, wo
es ihm nur möglich ist, überall flieht. Wird er gezwungen,
in ihrer Gesellschaft zu seyn, so muss er sichs ausdrücklich
vorgenommen haben, an sich zu halten, wenn er seinen Eifer
nicht bald ausbrechen lassen soll. Die Kunst, sie zu ertragen,
ist für ihn eine schwere Kunst. Allein er hat auch viele
Vortheile von dieser schätzbaren Ungelehrigkeit. Die ernst-
hafte und männliche Mine, die ihm bey den Narren natürlich
ist, sichert ihn vor ihren Unbesonnenheiten, und sie thun,
was sie sonst selten thun, sie fürchten sich vor ihm.

So gesetzt er allezeit gewesen ist, so liess er sich ehe-
mals doch leicht in Hitze bringen, die zwar bald vorüber
gieng, aber doch seinen Freunden selbst zuweilen ein kleines
Schrecken einjagte. Allein er muss es nicht gewusst haben,
dass er alsdann ein wenig furchtbar aussieht, weil man ihn
nach der Zeit nicht wieder hitzig gesehen hat, so bald ihm
von seinen Freunden gesagt worden ist, dass sie zuweilen
vor ihm stille geworden wären. Ich mag es wohl leiden,
wenn ich nur gewiss weis, dass es sein Ernst nicht ist. Ich
werde von einer Furcht überrascht, die mich ausserordentlich
ergetzt, wenn ich sie für ungegründet halten kann.

Wenn er das erstemal in einer Gesellschaft ist, so
spricht er ausserordentlich wenig. Wer sein offnes Gesicht
und die Freyheit seines Anstandes sieht, wird auch gleich
sehen, dass solches keine Blödigkeit, sondern eine vorsich-
tige Furcht ist, zu misfallen. Man wird gewisser davon
überzeugt, wenn man das Glück hat unter seinen Freunden
zu seyn. Diese dürfen sich nicht darüber beklagen, dass sie
in seiner Gesellschaft allein reden müssen. Er ist ein liebenswürdiger Schwätzer, und er sagt so viel Schönes, dass man

ihn unterbricht, damit er noch mehr sagen soll. So viel er
aber auch spricht, so weis er doch selbst bey seinen Freunden zu rechter Zeit zu schweigen.

Er hat eine vortreffliche Art. seinen Freunden ihre
Fehler zu sagen. Wenn sie von andern Freunden getadelt
werden, so nimmt er sich ihrer wider ihre Richter an. Er
entschuldigt sie auf eine Art, die ihnen deutlich genug
zeigt, dass sie nicht zu entschuldigen sind. Er sucht alle
möglichen Beweise vor, ihre Unschuld darzuthun, und das
thut er so ernstlich und aufrichtig, dass man glauben
sollte, seine Rechtfertigung wäre ihm ein Ernst. Man lässt
sich dadurch verführen; man sucht sich nunmehr selbst zu
entschuldigen; er ist gleich unsrer Meinung, und ehe man
sichs vermuthet, hat er uns durch seine Apologie so weit
gebracht, dass man selbst über sich lachen und sich ver-
dammen muss. Man liebt ihn wegen dieser kleinen Bosheit
so sehr, als einen andern wegen der zärtlichen Art, mit
welcher er tadelt.

Er scherzt auf eine eben so besondre Art. Sein Scherz
hat ein ernsthaftes Ansehen, und er macht eine so erbare
Mine dabey, dass man überaus traurig seyn musste, wenn
man nicht aus seiner Gesellschaft mit einer heitern und noch
lachenden Stirne weggehen sollte. Er will durchaus nicht
haben, dass man ihn für scherzhaft halten soll; er giebt sich
alle Mühe, uns zu bereden, dass alles Ernst ist, was er sagt,
und das macht seinen Scherz und seine Spöttereyen immer
muntrer.

Seine Bescheidenheit ist liebenswürdig. Wenn man
aber seinen Scherz für Ernst halten wollte: so würde er auf
niemanden mehr, als auf sich selbst, halten. Er erhebt
sich selbst, und verachtet seine Freunde gegen sich selbst,
um ihnen, auf eine feine Art, zu schmeicheln. Der liebens-
würdige Betrüger! Er hintergeht einen mit seiner Verachtung
eben so angenehm, als mit seinem Lobe.

Wenn man eine Abbildung von der Zärtlichkeit seines
Herzens und seinen Empfindungen in der Freundschaft ver-
langt: so darf ich nur sagen, dass er so zärtlich liebt, als
Damon'.

b. 'Ich muss ihn [Cleon-Ebert] verlassen, und ich eile
zu meinem liebsten Philint, und bringe meine Freude und
meines Cleons Freude noch ganz zu ihm. Ich treffe ihn in
der Gesellschaft der Musen an; er sieht mein Vergnügen,
und legt sein Gedicht weg; allein was er arbeitet, entzückt
mich allzusehr, als dass ich mir sein Gedicht so ruhig entziehen lassen sollte. Es ist noch ein unvollendetes Gedicht;
allein das hält mich nicht ab, so sehr in ihn zu dringen, bis
er sich von meiner ungestümen Freundschaft überwinden
lässt, mir seine Arbeit zu zeigen. Wie sehr entzückt er
mich, er mag in seinen Gedichten entweder die Natur in
ihrer Schönheit malen, oder die Liebe gegen die Verdienste
zu Thränen bringen, oder den Hass gegen die Thoren, seine
Feinde, erwecken wollen. Seine Gedanken sind stark, un-
vermuthet, und allezeit natürlich; seine Einbildungskraft ist
kühn; er besitzt aber doch eine eigene Kunst, ihre verwegen-
sten Bilder so auszubilden, dass sie von allen, deren Gefühl
nur nicht verderbt ist, empfunden werden können, und sein
Feuer wird durch ein männliches Urtheil so gemässigt, dass
er keinen Gedanken bis an seine äussersten Grenzen treibt.
In allen seinen Bildern aber, die bey andern weitläuftige
Gemälde seyn würden, herrscht eine gewisse Zärtlichkeit, die
ein Abdruck von der Zärtlichkeit seines menschenfreundlichen
Herzens ist. Er erregt die Leidenschaften, ohne sie zu be-
stürmen; er erhitzt sie nach und nach, und das ist die Ursache, dass sie länger anhalten als sie dauern würden, wenn
sie auf einmal heftig geworden wären'. Sie sprechen von
ihren Freunden. Dann fragt Philint nach Irene, der Freundin
seines Besuchers. 'Das zärtliche Herz meines Freundes, das
die Verdienste an Frauenzimmern vollkommen zu schätzen
weis, bricht in Lobeserhebungen aus; ich vereinige die meinigen
mit ihnen, und so verfliessen die Stunden in einer beständigen
Freude.

Der Grossen Glück, des Pöbels Neid;
Die stolze Schulgelehrsamkeit;
Der Fleiss, der selbst Pedanten oft gereut,
Sich dumm und lächerlich zu schliessen,
Und viel zu meynen, nichts zu wissen;
Die Sehnsucht nach der Ewigkeit

Entreisst uns nichts von unsrer Zeit.
Wir wissen sie schon besser zu geniessen.
Nein, Tugend, Freundschaft, Zärtlichkeit,
Ein Scherz, der Kluge nie gereut,
Und der Verdienste Lob erfüllet unsre Zeit.
Die kleinsten flüchtigsten Secunden
Entfliehen uns nicht unempfunden;
Wem sind sie würdiger verschwunden?'

Eine unbekannte Fassung dieses etwa gleichzeitig mit dem verwandten 'Die beiden Musen' entstandenen Gedichts hat uns Ring überliefert. aber wie bereits erwähnt unter dem falschen Titel 'Ode an die Teutschen von Bodmer'. Durch Ring kannte Herder dieselbe. 'Die über die Nachahmer habe ich unter Bodmers Namen, aber ganz verändert; ich will Ihnen die Abschrift schicken. Ihre scheinen besser zu seyn, aber Klopstocks Varianten lohnt's immer zu sehen' (an Merck Lebensbild 3, 366).
R : Ring. D : Darmstädter Sammlung 65 f. (Cr. 3, 367 ganz unzuverlässig). B 1771. G 1798. D hat als Ueberschrift 'Die Nachahmer' (vgl. im einzelnen 'Der Nachahmer' 1764 : Hermann, Leibniz, sich selbst verkennen).

1. Veracht ihn, Leyer, der der Natur Geschenk
   In sich verkennet! der zu britanischem
      Und jedem edlern Stolz unfähig,
         Selber unnachgeahmt, ewig nachahmt!

2. Soll Hermanns Sohn, und Leibnizens Zeitgenoss,
   (Des Denkers Denken lebet noch unter uns!)
      Soll der dem Nachbar der nur fein ist,
         Selten erhaben. in Ketten nachgehn?

1, 1 *D* wer *BG* welcher den Genius. 1, 2 *R* verkennt *D* verkannt hat, *DBG* und zu des *D* Albions *BG* Albion,. 1, 3 *BG* Zu. 1, 4 *D* immer, *BG* Fern, es zu werden, noch immer nachahmt. — 2, 1 *BG* und, Leibniz, dein *D* und, Leibnitz, dein. 2, 2 *DBG* Leben, *R* lebt, *D* uns). 2, 3 f. *DBG* in Ketten denen nachgehn (*D* nachgeh'n), Welchen er kühner (*G*, kühner,), *D* vorfliegen könnte *BG* vorüber flöge.

3. Und seine Wange niemals mit glühender
   Schamvoller Röthe färben? nie feuervoll
     Sieht er des Griechen Flug, ausrufen:
       Ich bin wie er ein Poet geboren?

4. Soll er nicht weinen, weinen vor Ehrbegier,
   Wenn ers nicht ausrief? gehn, und um Mitternacht
     Auffahren? Sich an seinen Thränen
       Nicht durch unsterbliche Werke rächen?

5. Zwar, werther Hermanns, hat die bewölkte Schlacht
   Uns oft gekrönet! hat sich des Jünglings Aug
     Entflammt, des Athems lauter Schlag und
       Schauer nach Ehre das Herz verschlungen!

6. Zeug' des ist Höchstett, dort, wo die dunkle Schlacht
   Noch donnert, wo, mit edlen Britanniern,
     Gleich würdig ihrer grossen Väter,
       Deutschere bluteten oder siegten.

7. Das Werk des Meisters, das sich geflügelter
   Vom hohen Geist hebt, ist, wie des Helden That,
     Unsterblich! wird, gleich ihr, den Lorber
       Männlich empfangen, und niederblicken!

3, 1 *D* Und nie die Stirne mit edelglühender *BG* Und doch die
Wange. 3, 2 *D* Schaurvoller Röthe färben, nie, *DBG* feuriger,. 3, 3 *R*
ausrufend. 3, 4 *D* Bin ich ein Dichter nicht auch gebohren *B* Wurde nur
er ein Poet gebohren *G* Wurde zum Dichter nur er geboren. — 4 fehlt
in *D* (Cr.) 4, 1 *BG* Nicht zürnend. 4, 2 *R* Wann, *G* gehen, um. 4, 3 f.
BG nicht, an seiner Kleinmuth, Sich, durch unsterbliche Werke rächen.
— 5, 1 *DBG* bestäubte. 5, 2 *D* sein Aug' entflammt;, *BG* Blick. 5, 3
D Hat laut des Jünglings Herz geschlagen, *B* Entflammt! *G* Entflamt!
BG hat laut sein Herz geschlagen,. 5, 4 *D* Brennend gedürstet nach
grossen Thaten *BG* Brennend nach kühnerer That gedurstet. — 6, 1
DG Dess Zeug' *B* Des Zeug', *D* Hochstädt *BG* Höchsted. 6, 3 *D* Gleich-
würdig. 6, 4 *D* Deutsche erbluteten, *B* Deutsche den Galliern Flucht
geboten!, *G* Deutsche dem Gallier Flucht geboten!. — 7, 1 *D* , geflügelter, *BG* welches von hohem Geist. 7, 2 *D* Geist, *BG* Geflügelt
hinschwebt. 7, 3 Unsterblich, wird gleich ihr den Lorber. 7, 4 *D* verdienen, und niederbliken *BG* verdienen, und niedersehen.

Noch möchte ich bemerken, dass Ring 'Zürcher See'
3, 4 liest 'Sanft, der fühlenden Schinzin gleich'. In ¹ Zürich
also bezog man die vielberufene, von Cramer (Tellow an
Elisa S. 462, Klopstock. Er; und über ihn 2, 369 ff. 3, 469 ff.)
mit einem fürchterlichen Wortschwall übergossene Huldigung
auf Fräulein Schinz. Diese Deutung scheint mir auch ohne die
neue Bestätigung die wahrscheinlichste. Wurde gleich damals
die 'Gesundheit der göttlichen Schmid' mit 'tiefer Ehrfurcht'
getrunken, so hat Klopstock doch den Handschuh der nied-
lichen Schinz als Kokarde an seinen Hut gesteckt und ihr
Küsse geraubt. Die Huldigung für eine gegenwärtige ist
jedenfalls ungezwungener. Nannte er in einer Ode die Geliebte noch 'Schmidtin', wie allerdings früher (Cr. 1, 299)?
Die spätere Lesart 'Fanny' ist also eine kleine Fälschung.
Man beachte auch, wie Klopstock in den künftige Eltern-
freuden sonderbar anticipierenden Versen An die Freunde
III 3 f., worin die Fanny, die ihn lieben wird, schon als
mütterliche Lehrerin einer kleinen Fanny gedacht wird, später
Wingolf III 4. 1 änderte: 'die kleine Zilie'. Die Umschmel-
zung erfolgte bekanntlich in dem kritischen Jahre 1767 und
ebendamals liebte Klopstock in Caecilie Ambrosius eine
Freundin 'Cilie' (Lappenberg S. 180 f.)

¹ Wo die Klopstocklegende noch lange lebte. So schwatzt Ott
in einem Brief an Ring 19 III 92 'Gerechter Himmel! ists möglich, und
Sie haben in Ihrem ganzen Ruhm- und Thaten-vollen Leben noch nie
einen Rausch getrunken? .... Ja! das klingt abscheulich in den Ohren
eines Zunftners von Zürich, bey denen brav trinken können ein Requi-
situm zur Wahlfähigkeit ist, Um so unglaublicher kommt mirs vor, da
sie sich in jüngeren Jahren eine geraume Zeit in der Schweiz und besonders in Zürich aufhielten. Aber Sie frequentirten nur die Damen,
aber Sie machtens nicht wie der grosse Klopstock als er beym Nestor
Bodmer in der Föhren Hütte logirte .... der brachte, wie die Chronique
scandaleuse sagt, alle Abend einen ganz artigen Tips (Sie verstehen
doch hoffentlich dieses Provincial-Wort) nach Hause, wo, wie Sie wissen,
nur Wasser getrunken ward, und die ehrliche Baucis wunderte sich
heftig, warum der liebe Gast gewohnlich des Morgens ein frisches Ei
austrank, Sie entdeckte auch wirklich ihre Zweifel darüber ihrem Phi-
lemon, der das Ding wohl mochte bemerkt haben, aber doch seinen
Dichter nicht verrieth'.

6. THUSNELDA.

Unter dieser Ueberschrift findet sich in Rings Nachlass folgendes Gedicht, abgeschrieben offenbar aus der Darmstädter Sammlung S. 140 f., der Rings Copien weit mehr entlehnt, als gegeben haben. Ich bewahre die 'hessische' Orthographie und Interpunction:

1. Wo verzichet der Held! Sein trunknes Schwerd, wo?
Welkt der Eichenkranz, nicht, der um sein Haupt hin
   Seine Schatten zu schlingen,
   Auf meinem Schose noch harrt!

Chor von Jungfrauen.

2. Must' er nicht an dem Quell die Hand, das Antliz,
Von dem Blute der Erderob'rer farbig,
   Waschen und von dem Schlachtstaub
   Reiner zum Küssen athmen!

Thusnelda.

3. Nein! Ich will ihn beflekt! von Römerblute
Ganz die Loke durchklebt! das Aug' entflammter,
   Wie im Hayn dunkel Opfer
   Mitten aus Blut hersprizend!

Chor.

4. Ha! wer reisst sich hinauf am Eichenhügel!
Komm! komm! Sieh ihn! Er glüht, wie du ihn wünschest!
   Komm, wie treibt er's! Er ist schon
   Hier! und Roms Adler mit ihm!

5. Wie du fliegest! dein Kranz ist dir entfallen!
Seht! sie ist schon bey ihm! Schon küsst sie nach ihm!
Hebet Siegmarn hinweg, dort
Ueber dem [den? so *Ring*] Vater flog sie!

Hermann.

6. Küsse mich izo nicht! Ich bin noch unrein,
Und der Vater liegt dort! doch vierzig tausend
Für ihn Niedergewürgte
Mögen's nun Pluto sagen,

7. Dass Augustus ein GOtt ist! Weg! wie blikst du,
Auge, ganz durch mich ein! Und du, du Lippe,
Lass mich, sonst werd' ich muthig,
Du so befleket, als ich.

Thusnelda.

8. Einen! Einen Kuss! doch, bey Hertha's Gottheit
Will ich! Schöner bist du, als wenn dich Odin
Mit umschaffendem [*DR* umschaffenden] Nektar
Ueber und über begösse!

Sind die Strophen von Klopstock? Sie finden sich in
keiner authentischen Odensammlung und in keinem Bardiet,
wo man sie wohl suchen könnte. Die Situation ist dieselbe
wie in der Jugendode 'Hermann und Thusnelde' (Sammlung
verm. Schr. 3, 216 f.)

Thusnelde.

Ha! da kömmt er mit Schweiss, mit Römerblute.
Mit dem Staube der Schlacht bedeckt! So schön war
Hermann niemals! So hats ihm
Noch nicht vom Auge geflammt.

Komm! ich [1] bebe vor Lust! . . . . . .

Nie erschien er ihr schöner, als nach der donnernden Be-
freiungsschlacht, sie lockt und bekränzt sein Haar, sie achtet
nicht des todten Vaters; Augustus wird verhöhnt. Nur sind

---

[1] Soph. Aias ἵππους ἵπποις. O. Ludwig Makkab. 2, 49 'Du bebst
einst' Judah 'Vor Lust'. Die beiden Musen 4, 2 'doch diese bebte männlich'.

unsere Strophen ungleich wilder und feuervoller: dort wischt Thusnelde dem Gatten Schweiss und Blut ab, hier küsst sie heiss den Befleckten. Wie die ältere Ode bietet unsere zahlreiche Parallelen zur 'Hermanns Schlacht'. 1. Ausg. S. 104 ff.: Thusnelda und ihre Gespielinnen singen ein Siegeslied. Erst schildert Thusnelda in sechs Strophen, wie ihr einst der aus Rom heimkehrende Hermann werbend nahte:

O Tag, dem keiner glich!
Nur dieser Tag des Siegs
Gleicht meiner bebenden Freuden Tage!
Heut nennet der schöne, heftige Jüngling mit der blutigen Lanze
Mich wieder das erstemal Braut.

Weiter S. 108 ihn bekränzend (vgl. Hermann und Thusnelde 1, 3 f.)

Blühend ist die Wange beym Fest, blühender in der Schlacht!
Schön flammts ihm von dem blauen Auge, wenn es Tod gebeut!

Thusnelda 3, 2 'das Aug' entflammter . . . . Blut hersprizend' (H. S. 33 'Flamm' ist ihr Blick und dürstet nach Blut'). Sie ergreift eine blutige Trophäe 'Gieb mir den Adler, Hauptmann!' (H. u. Th. 2,. 1 'Reich mir den Adler'). Im Bardiet entdeckt Hermann erst später, dass Siegmar todt ist; dann erschallen patriotische Chöre, während die Oden eine fast barbarische Gleichgiltigkeit zur Schau tragen.

II. S. 21 die todten Römer wallen zu Rhadamanth und Minos, Thusnelda 6, 2 ff. die Niedergewürgten als Boten zu Pluto. 7, 1 'Dass Augustus ein Gott ist' vgl. H. u. Th. 5, 2 'Dass Augustus nun bang mit seinen Göttern Nektar trinket', II. S. 23 'Kriecht um den hohen Augustus macht ihn zum Gott', S. 109 'Augustus ist ein Gott geworden! . . . . wir die sterblichen Besieger, wollen den Gott nicht neiden'. 1, 2 f. vgl. II. S. 12 'Flechtet, Mädchen, das heilige Laub des Eichenhaines für die Schläfe des Siegers!' Dem 'trunknen Schwerd' 1, 1 entspricht II. S. 27 'dein dürstendes Schwert' (S. 109 'das rathschlagende Trinkhorn', 126 'die dankende Saite', 23 'das taumelnde Fest'). Hertha wird im Bardiet mehrmals genannt. Dass Klopstock dort und in den Oden die Form 'Wodan' setzt, fällt nicht zu schwer ins Ge-

wicht; als 'Odin' war ihm der Gott doch zuerst bekannt geworden und er mag ihn früher so genannt haben, oder in
einer ungenauen Abschrift verdrängte der bekanntere Name
den unbekannteren deutscheren. Metrisch und stilistisch spricht nichts gegen Klopstock.
Der taumelnden, siedenden Begeisterung ist der zerrissene,
kühngenialische Ausdruck angepasst. Wenn uns manches
an den Sturm und Drang erinnert, so hat ja doch Klopstock
eben durch die späteren dithyrambischen und bardisch pa-
triotischen Ergüsse auf das junge Volk gewirkt. Die bar-
dischen Oden wimmeln von sprachlichen Wagnissen der
Losung gemäss 'den Gedanken, die Empfindung, treffend. und
mit Kraft, mit Wendungen der Kühnheit, zu sagen'. 7, 1 f.
'wie blikst du, Auge, ganz durch mich ein' könnte Klinger
schreiben oder Goethe in einem Dithyrambus, aber ich
würde dann von Klopstockschem Einfluss sprechen, den etwa
im 'Schwager Kronos' u. s. w. niemand verkennen wird;
Klopstock Unsere Sprache 'feurigeren Blicks ergiesset sich
ihr Auge, die Seel' in der Glut', 'da durchströmt' es all mein
Blut mit Feuer; und Röthe . . . . . glühte mir herauf die
Wange' (die letzte Stelle neu Gött. M. A. 1775 S. 1 ff.).
Echt Klopstockisch ist neben vielem anderen das 'zum
Küssen athmen' 2, 4, 'nach ihm küssen' 5, 2, der 'umschaffende
Nektar' 8, 3. Wäre die Ode nicht von Klopstock, so könnte
sie nur in einer glücklichen Stunde der Congenialität von
einem firmen Klopstockianer, der sich ganz in den lyrischen
Stil des Barden eingelebt, verfasst sein. Soll man auf das
schweizerische Kraftgenie Füssli rathen, der Klopstocks Her-
mannpoesie in dem Duett 'Germanicus und Thusnelda' (Schu-
bart S. 100 ff. Darmst. S. 37 ff.) copiert? Aber er ist doch nur
'Nachahmer'.

So scheint mir die Annahme am natürlichsten, dass die
Ode oder die melodramatische Scene 1767 entstanden ist,
sei es als eine später detaillierterer Ausführung zu Liebe
verworfene ¹ Skizze, sei es als eine nebenher für sich geschaffene

¹ A. d. d M. 1772, S. 110 im Inhaltsverzeichnis der Darmstädter
Sammlung 'Thusnelde, ein Bardengesang, der eine Stelle in der Her-
mannsschlacht verdiente'.

Verherrlichung seines Lieblingsthemas. Sollte sich doch 1770
Angelika Kaufmann für ihn als Thusnelda malen: den Köcher
an der Schulter, die Arme bloss, einen Kranz von Feldblumen
und Eichenlaub auf dem Haupt, freudetrunken einen von
ihr mit beiden Händen gefassten römischen Adler beschauend.
Und mit welcher Theilnahme verfolgt er Cheniers Ueber-
tragungen.
Warum er die Strophen zurückhielt, ist unschwer zu
beantworten. Vielleicht nur deshalb, weil sie ihm wie so
manches abhanden gekommen waren. Vielleicht, weil ihn
doch die sinnliche Wildheit störte. Vielleicht, weil er sich
mit der Behandlung im Bardiet zufrieden erklärte und den
Lesern nicht zu viel Wiederholungen zumuthen wollte, da
doch ausser der ersten wuchtigen Ode noch mehrere andere
'Fragen', 'Schlachtgesang', 'Hermann' (auch 1767, als vor-
läufiger lyrischer Auszug aus dem Bardiet 'Hermanns Tod'),
'Wir und sie', 'Unsere Sprache' Hermanns flüchtig oder aus-
schliesslich gedenken.

7. ZUR DARMSTÄDTER AUSGABE.

Die berühmte Darmstädter Sammlung, welche im Frühjahr 1771 den 'heiligen Vierunddreissig' (nach Herders Ausdruck) zugieng, andächtig aber kritiklos aus Zeitschriften, anderen Drucken und Abschriften zu einem Strausse gebunden, gehört jetzt begreiflicher Weise zu den grössten Seltenheiten der Klopstocklitteratur. Auch Herder hatte beigesteuert, doch nur indirect, denn die zum Theil Ring geraubten Kleinode, die 'Lieblinge von Klopstocks Odenjugend', waren nur zum stillen Genuss für die Darmstädter schönen Seelen bestimmt gewesen. Er zuerst hat über die 'schlechte Ausgabe' mit ihren orthographischen Schnitzern, unscandierbaren, 'brüchigen' und sinnlosen Versen scharf abgeurtheilt, und jedem, der heute ein Exemplar in die Hand bekommt wie ich durch die Güte des Herrn Geheimerath Walther in Darmstadt, wird sich kritischer Aerger in die Andacht mischen. 'Nicht sehen und hören, das ist zu arg'.

Dennoch darf eine tüchtige Ausgabe der Oden an ihr nicht vorübergehen. Sie wird ihr z. B. wichtige Varianten zu 'Siona' (so 1, 4 welcher am Huf Pegasus floss), 'Die Chöre' (8, 1 Sieh, ihr Gesang preiset den Sohn! 11, 1 Tiefer herab strömt sie ins Herz! 13, 4 Eine der Harfen nur bebt 15, 4 Brauset itzt wider herab 18, 1 Fels der Erhabne) und trotz den Corruptelen und falschen Daten z. B. in 'Petrarka und Laura' ein neues Verspaar verdanken:

v. 41 f. Damit Eine vielleicht von den Unsterblichen
Mein mir ewiger Schmerz bewegt,

während Cramers Auge (2, 261) gleich zu v. 43 abgeirrt ist
'Damit eine vielleicht, hat sie mein Schmerz bewegt'.

Das 'Verzeichnis' der Schlussseite 160 wird manchem
willkommen sein; ich wenigstens habe es früher oft ungern
entbehrt. Der 'Almanach der deutschen Musen auf das Jahr
1772' ist nicht immer zur Hand und zählt zwar (S. 107 ff.
vgl. 103 ff. 'Oden'. 73 f. Schubarts Sammlung) die Oden sogar
mit Quellenangaben auf, bietet aber keine Seitenzahlen.
Erste Spalte. 1. Das Landleben. Seite 1 (= Die
Frühlingsfeyer, [1]Nord. Aufs. 2, 311 ff. (3, 237 ff.) Eine Ode
über die ernsthaften Vergnügungen des Landlebens). -- 2.
An Gott. 7. — 3. Das Anschaun Gottes 13. — 4. Die
Allgegenwart Gottes. 19 (= Dem Allgegenwärtigen, Nord.
Aufs. 1, 389 ff. Ode über die Allgegenwart Gottes). — 5.
Henoch. 28 (Fragment in Hexametern, nicht aus dem Nord.
Aufs.).— 6. Die Hofnungen des Christen. 29 (= Dem Erlöser,
vgl. Cr. 3. 319 f.). — 7. Stabat Mater 32. — 8. Als der
Dichter den Messias zu singen unternahm. 35 (= Die
Stunden der Weihe, Herder Lebensbild 3, 95 'Ode an die
Abendröthe 'euch, Stunden, grüss ich' als Klopstock seinen
Messias machte'). — 9. Germanikus u. Thusnelda. 37 (von
Füssli). — 10. Psalm. 40 (= Für den König). — 11. Ode
an den König. 43 (= An den König, Die Königinn Luise).
— 12. Danklied für die Genesung des Königes von den
Blattern. 48 (= Die Genesung des Königs, Nord. Aufs. 3,
1 ff. Ein Danklied . . . .). — 13. Auf das Jubelfest der
Souveränetät in Dänemark 52 (= Das neue Jahrhundert,
Nord. Aufs. 3, 512 ff. Ode auf . . .). — 14. Rothschilds Gräber. 57.
— 15. Zueignung des Messias (an den König in Dännemark).
60 (= Friedrich der Fünfte, Messias 1751 Ode). — 16. Die
beyden Musen. 63. — 17. Die Nachahmer. 65. — 18. Wir
und Sie. 66. — 19. Verhängnisse. 68 (Königen gab der
Olympier Stolz und sclavischen Pöbel Um den gefürchteten
Thron, Ring 'Ode von Klopstock'). — 20. Elegie. Dir nur
liebendes. 70 (= Die künftige Geliebte, Bremer Btr. 4, 446 ff.

---

[1] Die Gedichte im Nord. Aufs. sind meist ohne Ueberschrift, welche
erst im Inhaltsverzeichnis gegeben wird.

Elegie). — 21. Hermann und Thusnelda 74. — 22. An
Herrn Ebert. 76.

Zweite Spalte. 23. Die Verwandlung. Seite 79 (=
Ode Sammlung verm. Schr. 1, 373 ff., Der Adler). — 24.
An Herrn Bodmer. 83. — 25 Elegie. Der du zum Tiefsinn.
85. — 56. Aedon. 89. (= Bardale, S. v. S. 1, 378 ff. Ode).
— 27. Daphnis und Daphne. 92 (= Selmar und Selma, S.
v. S. 1, 370 ff. Elegie. Daphnis und Daphne). — 28. Fahrt
auf der Zürcher See. 92 (= Der Zürcher See, S. v. S. 2,
369 ff. [Zweyte Ode von der] Fahrt auf der Zürcher See).
— 29. An Daphnen. 99. (An Fanny. S. v. S. 1. 230 f. Ode
an Daphnen). — 30. An Young. 101. — 31. Petrarch und
Laura. 102. — 32. Abschiedsode an Gieseke. 106. (= An
Gieseke, S. v. S. 2, 433 f. Abschiedsode; an G***). — 33.
An Fanny. 108 (Wenn du entschlafend). — 34. An des
Dichters Freunde. 114 (Wie Hebe = An die Freunde; Wingolf). — 35. Auf die G. und H. Verbindung. 126 (= 1798
I 78 ff. Die Braut, S. v. S. 1, 381 ff. Ode auf die G. und
H. Verbindung). — 36. Kriegslied. 128 (= S. v. S. 1, 404 ff.
Kriegslied zur Nachahmung des alten Lieds von der *Chery-
Chase*-Jagd; Heinrich der Vogler). — 37. Trinklied. 130
(ebenda). — 38. Liebeslied. 132 (ebenda). — 39. An Meta.
134 (s. o.; Freymüth. Nachr. 1760 S. 210 ff. Cramer 3, 19 ff.)
— 40. Thusnelda. 140. — 41. Die Welten. 142. — 42. Eis-
ode. 144. (= Hypochondrist 'Eisode'; dann umgearbeitet:
Die Kunst Tialfs). — 43. Ode an Herrn Gleim. 149 (An
Gleim). — 44. Die Chöre. 152. — 45. Ode. Himmlischer Ohr
hört. 155 (= Die Zukunft). — 46. Der Tod. 157. — 47.
Siona. 158.

Die Sammlung zählt 160 Seiten 8°. Weder Papier
noch Druck machen sie zu einer Prachtausgabe. Das Titel-
blatt ist sehr ungefällig, besonders durch die Currentschrift
der Widmung und die Blumenvase darunter. 'Klopstocks
Oden und Elegien. Vier und dreyssigmal gedrukt. Für
Ihro Hochfürstliche Durchlaucht die Frau Landgräfin von
Darmstadt. *Vignette.* Darmstadt, 1771'. Das Darmstädter
Widmungsexemplar ist in Silbercarton geheftet. Hinter dem
Titelblatt sind zwei Blätter eingelegt, welche in künstlichster

Kalligraphie eine verzückte bardische Ode handschriftlich
enthalten. Die Ausgabe war vom Hesse-Merckschen Kreise
veranstaltet worden (A. d. d. M. 108 'von einer angesehenen
Standesperson für eine deutsche Prinzessin'). Wahrscheinlich
hat der Erguss Merck zum Verfasser, der ja dem modischen
Enthusiasmus manches Opfer bringt und in der gleichzeitigen
'Sympathicode' einen verwandten Ton anschlägt. In dieser
Vermuthung bestätigen mich Herders Begleitworte zu seinem
poetischen 'Antwortsdank': 'Sie glauben doch nicht, dass ich
rivalisire' (a. a. O.). Die Verse erinnern leider mehr an
Kretschmanns Bardengestammel, als an Klopstock, dem allerdings viele Ausdrücke entlehnt sind (vgl. die 'Eisode', Hermann und Thusnelda').

S. 1 Ode Bey Sammlung der Klopstokischen Oden in Darm-
[stadt.

S. 2. Meister der Barden!
Die hier in Rebengebirg, einst Eichenhayn
Mit der Hörner Flug, der Singer Schreyn
Der Auferstehung warten!
Eichensturz war euer Grab!
Wandelt herab!
Verlasst das Grab!
Es ward bewegt! — Verhauen, lang!
Verhauen war der Eichenhayn! Verweht der Gesang!
Freyheit und Tugend! Silberklang! —

Horcht! Er kommt im Skalden Gang!
Wer schiesst seine Pfeile? — Wer spannt
Seinen Bogen? — Wessen Hand
Ergreift sein Schwerd?
Und wer fährt
Mit seinen Sonnen Rossen?

S. 3. Horcht! er kommt im Skalden Gang!
Wie des Telynors Lenz-Gesang
Aus der Kluft zurüke!
Wie Bragas Lied im Sternenklang!

Entnervter Gallier Gesang
Fleuch! — Er schiesst Pfeile wie
Oendurdis Bogen
Sie entflohn! — In der Morgenröthe Wogen
Taucht er sie!
Versuch es nie mit seinen Strahlen! —
Und deinem Vettelspiegel nie!
Luft und Erd' und Meer zu mahlen! —
Deine Welt ist Seiffengewölk, — umspannt —
Geschaffen — und zerstört von Kindes Hand!

Horcht Thusneldens Jungfrau'n Chor
Auf seinen Barden Gesang!
Keusch und deutsch! Habt acht!
Sey Euer Herz und Ohr!

S. 4. Und kommt der Bard' aus Hermanns Schlacht
Mit Schweis und Römerblute bedekt zurük!
So empfang' ihn euer Blik!
So empfang' ihn euer Tanz!
Und von Thusneldens eigner Hand
Empfang er dann der heilgen Eichen Kranz!

Dann im Silbergewand!
Erscheint ihm seine Väter Barden
Die hier im Rebengebirg, einst Eichenhayn
Mit der Hörner Flug der Sieger Schreyn
Der Auferstehung harrten!

Sagt ihm, es töne sein Lied der Schilf des Rhein
Wie von Armin gekrönt der Donau Gestade nach!
Gerochen ist die Schmach!
O Vaterland! Dein Mutter Heerd!
Der vom Geschwirr der Grill erklang!
Du Gallier, dich schlagen wir mit Gesang
Wie mit dem Schwerd!

8. WIELAND ALS NACHAHMER DER KLOPSTOCKSCHEN JUGENDLYRIK.

Wenn Wielands Entwicklungsgang endlich die ersehnte historisch-kritische Darstellung erfahren wird, muss auch sein Verhältnis zu Milton, Young, der Rowe und zu Klopstock gebührend erörtert werden. Dass der schmiegsame Jüngling eine Zeit lang gewaltige Anleihen von Motiven und Wendungen bei Klopstock gemacht hat, ist in den allgemeinen Umrissen bekannt. Aber damit darf die Forschung sich nicht begnügen. Meine Untersuchungen erlauben mir nur einige Einzelheiten mitzutheilen und gerade solche, welche bereits im vorigen glossenmässig hier und da hätten vermerkt werden dürfen. Er ahmt sein Lieblingsstück Die künftige Geliebte z. B. im Antiovid 2, 123 nach. Er beginnt die 'Sympathien' mit der Theorie von späterer harmonischer Vereinigung der getrennten liebenden Seelen, unter Anwendung Klopstockscher Terminologie. Seine fromme Muse besucht ihn gern in der 'mitternächtlichen Stunde' und er schreitet um dieselbe Zeit über das 'geheinvolle Gefilde' zu geliebten Gräbern. Das Traumgesicht seiner Selima ist ein sinnlicheres Seitenstück zur Ode 'Salem'. Dieselben sprachlichen Freiheiten: Verba wie 'entgegensterben' mit dem Dativ, 'empfindbar' 'hörbar' u. s. w., ebenso 'Thoren unbemerkt' Moral. Briefe 4, 105.

Wenn wir aus Briefen erfahren, dass der 'neue Klopstock' in Zürich 1751 und im Januar 1752 mehrere Oden dichtete, so werden wir *les Odes de Wieland* (Zellweger 21 XII 52, Zehnder S. 367) von vornherein für klopstockisierend halten. Rings Copierlust befähigt uns jetzt zwei derartige gowandte Exercitien Wielands zu prüfen. Sie sind 'zephyrisch', seraphisch, tugendreich, voll himmlischer Liebe, aber nach den obligaten Wallfahrten ins Jenseits fehlt ein zwar flüchtiger 'descensus' zur keimenden Sinnlichkeit nicht. Doris ist Sophie Gutermann. Doris erscheint von zahllosen bekannten Stellen abgesehen auch in einer Ode 1752 vor der ersten Ausgabe der 'Erzählungen':

> Freund, glaube mir, ich sah die Göttin Weisheit.
> Ein himmlisches Gesicht!
> Ihr Auge sprach, wie meiner Doris Auge
> Empfindung ihrer selbst.

Bodmer spricht sich über Wielands Doris-Diotima und 'diese Dinger, diese Dorisse' in seiner Weise aus 'Briefe der Schweizer' S. 171 f.

Ring bietet die folgenden Oden mit der Randbemerkung *à Zuric nous arons récu ensemble* zwischen Bodmers 'Nun hat mein Alter den Punkt der Mittagshöhe beschritten' und einigen Freundschaftsgedichten, die man bei näherem Zuschen als den Bremer Beiträgern zugehörig erkennt.

1. WIELANDS ODE AN SEINE FREUNDINN.

1. Doris fühle dies Lied, fühl in der Ferne selbst,
   Wie dein Thyrsis izt fühlt, hohe Empfindungen
   Gleich dem Gefühl des . . .
   Wenn er die himmlischem Nymphen küsst.

2. Sanft mit stiller Gewalt, fasse die zarte Brust
   Die Bewegung, die izt, Göttliche mich ergreift.

1, 1 f. Doris und Thyrsis Renaissancenamen aus dem Pyra-Langeschen Kreise, den Wieland damals verehrte (Erzählungen Einleitung 24); 'Thirsis' Antiovid 2, 135. 1, 3 Unleserlich *Däncmons*, *Därmons* 'Dämons' unpassend; vielleicht 'Endymions'? – 2, 1 Klopstock 'stolz mit Verachtung' u. s. w.

Von sympathetischen Freuden
Bebe dein Herz und empfind wie ich.

3. Welche Ruhe, die sich über mein Herz ergiesst.
Welche Himmel von Ruh, wo sich mein Geist verläuft;
Doris, dich denket mein Geist nur,
Dich und die himmlische Liebe nur.

4. Todt ist ihm izt die Welt, kein Geschöpf ist ihm mehr.
Du, du winkest ihm izt, lächelnder Himmel, nicht;
Kein einladender Abend
Nimmt ihn in thränenden Schatten ein.

5. Dein olympisches Lied tönt nicht mehr in mein Ohr,
Du, bey dem ich so oft meinen Virgil vergass,
Der du in Harfen der Engel
Deinen erhabnen Messias singst!

6. Doris bleibt mir allein, aus der Unendlichkeit
Deiner Bildungen, Gott, sie ist allein mir noch,
Füllt sie, die schönste der Seelen,
Ganz dies ihr nur geschaffne Herz.

7. O wie wallt es so sanft, o wie befriediget
Schlummern tief in der Brust alle Begierden ein
Und die schauende Seele,
Göttliche Schöne, hängt ganz an dir:

2, 3 'sympathetisch' von Wieland geprägt, s. 'Richardson, Rousseau und Goethe' S. 324. 2, 4 Ring 'Lebe'. 'empfinden' absolut, z. B. Zürcher See 6, 4. Wielands Metrum ist das der letztgenannten Ode, das dritte asklepiadeische, doch besonders in Z 3 und 4 nachlässig behandelt. — 3, 1 R 'Ruh', 3, 4 'Liebe nur' aus Rings 'Lieb' ergänzt um den Vers auszufüllen. Wieland häuft die beliebten Klopstockschen Wiederholungen u. s. w. Responsion zwischen Str. 4 und 6, Wenn ... wenn ... wenn 10 ff. — 4, 2 R 'winkst', 4, 4 'ihn' fehlt. — Preis Klopstocks. 5, 3 'in Harfen' Accusativ, vgl. Der Frühling 239 'Hör' ich den hohen Gesang in die goldne Leier erschallen', Selim und Selima 181 'ich hör' in Engelsharfen rauschend Der Sfären Harmonie', Briefe von Verstorbenen 8, 105 (verklärende Anspielung auf Klopstock) 'Er besingt in die geistigen Töne der silbernen Laute', Abraham 2, 179 'Dann nahm Ribka die Cither, und sang in die goldenen Töne'. — 7, 1 R befriedigt.

8. Wie dein himmlischer Geist jeglichen Blick belebt,
   Wie im redenden Aug, ach! im so schönen Aug
   Sich die Seele enthüllet
   Die so zärtlich und edel denkt;

9. Wie den blühenden Leib Anmuth und Huld umfliesst!
   War nicht Eva so schön, da ihr entstehend Bild
   Zur begeisterten Seele,
   Göttlicher Milton, herunter stieg?

10. O wie liebt dich dein Freund, o wie beglückst du ihn,
    Wenn dein lyblicher Mund sich seinen Küssen beut
    Und die sanft zitternde Lippe
    Gleich der Rose in Knospen schwellt;

11. Wenn mein feuriger Blick an deinen Blicken hängt
    Und die Seligkeit sieht. die izt dein Herz umfasst:
    Freuden erhabener Sphären,
    Die kein Sclave der Erde kennt.

12. O wie ist es entzückt, o wie begeisternd glänzt
    Ihm dein himmlisches Aug und das zufriedne Roth,
    Das die Wangen umfliesset
    Und im Munde noch frischer blüht!

13. Doch wenn einst dieser Glanz in deinem Aug erlischt,
    Wenn der ernstliche Tod Schönheit und Grazien
    Von dem beliebten Leibe.
    Den sie lange bewohnten. treibt;

8, 1 R jeden. — 9, 2 Miltons wundervolle Schilderung der Eva.
Vgl. Erzählungen 3, 218 ff. (Gulindy), Briefe von Verstorbenen (Zulma).
Klopstock sagt von dem Blick der künftigen Geliebten An die Freunde
5, 3 f. 'An Huld, an süssen Zärtlichkeiten, gleicht er dem Blick der
noch jungen Eva', An Fanny Cr. 2, 293 'Eva mit Palmenkränzen, den
Schläfen Miltons heilig', An Gott 14; S. v. S. 2, 5 'So lächelt an Even
vordem ein heitres Auge voll Unschuld', ebenda S. 485 (Schlegel an
Cramer) 'Sehnende Sittsamkeit führt deine Braut zu dir, wie Eva schüch-
tern zum wartenden Adam eilte'; Hölty S. 166 'Wie Eva schön', 142
'Gleich Even vor dem Sündenfall'. — 10, 2 R byblischer. — 12, 3 R
umfliesst. — 13, 1 R deinen Augen löscht.

14. Doris, ja wenn du einst in meinen Armen stirbst,
Wenn dein Auge mir bricht, wenn diese Lippe mir
Nun zum letztenmal lächelt
Und mein gleichfalls erblasster Leib

15. Hinsinkt; wenn wir alsdann freudig dem Leben zu
Dieser Erde entfliehn, wenn dann mein reiner Geist
Mehr dem deinigen gleichet
Und nun bald so seraphisch wird,

16. Wenn ein himmlischer Leib uns izt umschliesst und wir,
Aufgelöst in der Lust neuer Umarmungen
Ein Elysium sehen:
O wie werden wir selig seyn!

II. AN SEINE FREUNDINN.

1. Komm aus den Armen der Nacht, o Traumgott, vom
Holder Gesichter umringt,   [scherzenden Schwarme
Komm! Die schlummernde Seele, zu deiner Begeistrung
Liegt und erwartet dich hier.   [geöffnet,

5. Trüge das liebende Herz, zeig ihm die himmlische Freun-
Zeig ihm das zärtlichste Kind,   [dinn,
Wie sie war, so schön, so voll unbesingbarer Anmuth
Und unsterblicher Pracht;
Wie die Göttliche war, wenn unter Zephyrischen Schatten

10.   Uns der Abend umfieng;

14, 3 R lächeln. — 15, 2 R Erd. 15, 3 R gleicht. — 16 vgl. An
Fanny (Ode an Daphnen) 8 ff. 16, 3 Elysium z. B. Ode (Bardale) 15,
4 Zürcher See 19, 4.
1 ff. Motiv des Traumes vgl. Petrarka u. Laura, Salem, Bardale. —
Wieland hat im ersten Fuss des archilochischen Verses sowohl Dactylus als
Spondäus. Die reiche Gliederung Klopstockscher Perioden ist Wieland
durchaus mislungen, er hat nur die Weitschweifigkeit Klopstockscher Elegien getroffen und seine Sätze endlos ausgesponnen. — 5. Immer Klopstocksche Terminologie, oben 6, 3 schönste Seele Klopstock Cr. 2, 298 (Nach-
trag zu R. R. Goethe S. 321), Freundinn An die Freunde IV 2, 1. 3, 1.
7, 3 u. s. w., Göttliche z. B. Cr. 2, 298 Elegie D. k. G. 22 Salem 51;
'Kind' dagegen ist nicht Klopstockisch; 'zärtlich' besonders in 'Daphnis
und Daphne'. — 7 R besingbarer.

Wenn wir voll neuer Gedanken uns in die Zukunft ent-
Und die Lieb' um uns her   [fernten
Paradiese von Freuden erschuf und in reizender Aussicht
Unser Blick sich verlohr;

15. Ihres Glücks versichert und deiner Liebe, o Schöpfer,
Flossen die Seelen zu dir,
Aufgelöst in Wünsche, sanft, wie den Augen der Doris
Zitternde Thränen, vermischt
Mit den meinen, entflossen, die Kinder der edelsten Freuden:
20. Traumgott, so zeige sie mir!
Doris, so komm mit umfassenden Armen, mit küssenden
Mit entzückendem Blick!   [Lippen,
Aber wenn ich sie seh, wenn sie mich liebreich umhalset,
Traumgott, dann eil' auch zu ihr,
25. Dort, wo in den Armen der Tugend die Himmlische
Oft von dem Seraph geküsst,   [schlummert,
Gleich dem Frühling, wenn er in Abendwolken gehüllet,
Auf der dämmernden Flur
Schlummert — dann eile zu ihr und zeig' ihr in gleichen
30. Ihren liebenden Freund   [Gesichten
Mit den Mienen voll Ruh', voll hoher wallender Wonne,
Die ihr Anblick erschaut,
Mit dem Auge, das dankend hinauf zu dem Ewigen siehet
Und dann wieder auf Sie,
35. Mit der zärtlichen Seele, die ihrer Begeistrung zu enge,
Voll wehmüthiger Lust
Kaum noch sich fühlt und in deinen Küssen, o Doris,
Sich und die Schöpfung vergisst.   [gesättigt

---

21 ff. und 37 f. Die erhitzte Sinnlichkeit geht weit über Klopstock
hinaus und lässt den späteren Wieland ahnen. — 25 R Augen. — 37 f.
In dem enthusiastischen Bericht über Wieland (an Hess 16 I 1752 Zehnder S. 496) deutet Bodmer einige sittliche Bedenken gegen den 'Lob-
gesang auf die Liebe' und gegen des Dichters 'dritte Ode' an, deren
letztes Verspaar, eben 37 f., er zum Beleg des Anstosses citiert.